I0017786

COLEÇÃO

INTELIGÊNCIA ARTIFICIAL

# LIDERANÇA INTELIGENTE COM IA

# TRANSFORME SUA EQUIPE E IMPULSIONE RESULTADOS

Prof. Marcão - Marcus Vinícius Pinto

Observe que as informações contidas neste documento são apenas para fins educacionais e de entretenimento. Todos os esforços foram feitos para fornecer informações completas precisas, atualizadas e confiáveis. Nenhuma garantia de qualquer tipo é expressa ou implícita.

Ao ler este texto, o leitor concorda que, em nenhuma circunstância, os autores são responsáveis por quaisquer perdas, diretas ou indiretas, incorridas como resultado do uso das informações contidas neste livro, incluindo, mas não se limitando, a erros, omissões ou imprecisões.

ISBN:  9798344689159

**Selo editorial:** Independently published

# Sumário

**1   A REVOLUÇÃO DA LIDERANÇA NA ERA DA IA: COMO A INTELIGÊNCIA ARTIFICIAL ESTÁ REMODELANDO O PAPEL DOS LÍDERES.          15**

1.1   IA E A TOMADA DE DECISÕES: UMA MUDANÇA DE PARADIGMA.          **15**
1.2   IA E A GESTÃO DE EQUIPES: A NOVA DINÂMICA.          **16**
1.3   IA E A CRIAÇÃO DE UMA CULTURA DE INOVAÇÃO.          **17**
1.4   DICAS PRÁTICAS PARA LÍDERES NA ERA DA IA.          **18**
1.5   REFLEXÃO CRÍTICA: O NOVO PERFIL DO LÍDER NA ERA DA IA.          **19**

**2   FUNDAMENTOS DE INTELIGÊNCIA ARTIFICIAL PARA LÍDERES.          21**

2.1   REDES NEURAIS: SIMULANDO O CÉREBRO HUMANO.          **22**
2.2   VISÃO COMPUTACIONAL: O PODER DE VER E INTERPRETAR O MUNDO.          **23**
2.3   DICAS PRÁTICAS PARA LÍDERES INCORPORAREM IA NAS SUAS DECISÕES.          **24**

**3   IA E O DESENVOLVIMENTO DA INTELIGÊNCIA EMOCIONAL NA GESTÃO DE EQUIPES.          27**

3.1   IA E A ANÁLISE DE EMOÇÕES: O FUTURO DA COMUNICAÇÃO INTERPESSOAL.          27
3.2   IA NA RESOLUÇÃO DE CONFLITOS: FACILITANDO A MEDIAÇÃO E O DIÁLOGO.          28

**4   IA E MOTIVAÇÃO: PERSONALIZAÇÃO DE FEEDBACK E DESENVOLVIMENTO.          30**

4.1   DESAFIOS ÉTICOS E LIMITAÇÕES DA IA NA GESTÃO EMOCIONAL.          **30**
4.2   DICAS PRÁTICAS PARA INCORPORAR IA NO DESENVOLVIMENTO DE INTELIGÊNCIA EMOCIONAL.          **31**
4.3   O LÍDER DO FUTURO E A INTELIGÊNCIA EMOCIONAL DAS MÁQUINAS.          **32**

**5   COMO A IA ESTÁ AUTOMATIZANDO PROCESSOS E LIBERANDO TEMPO PARA A INOVAÇÃO.          34**

**5.1** IA E AUTOMAÇÃO DE TAREFAS ROTINEIRAS: UM NOVO PARADIGMA DE PRODUTIVIDADE. 34

**5.2** AUTOMAÇÃO E A LIBERAÇÃO DO POTENCIAL CRIATIVO. 35

**5.3** APLICAÇÕES PRÁTICAS DE IA PARA AUTOMAÇÃO DE FLUXOS DE TRABALHO. 36

**5.4** DESAFIOS DA AUTOMAÇÃO E A NECESSIDADE DE UMA ABORDAGEM HUMANA. 37

**5.5** DICAS PRÁTICAS PARA LÍDERES AO IMPLEMENTAR AUTOMAÇÃO INTELIGENTE. 38

**6** **MODELOS DE LIDERANÇA ÁGIL COM IA.** 41

**6.1** A NATUREZA DA LIDERANÇA ÁGIL NA ERA DA IA. 41

**6.2** IA E A OTIMIZAÇÃO DE FLUXOS DE TRABALHO ÁGEIS. 42

**6.3** ADAPTANDO-SE À MUDANÇA COM IA: A GESTÃO DE CRISES. 43

**6.4** TÉCNICAS PARA IMPLEMENTAR LIDERANÇA ÁGIL COM IA. 44

**6.5** DESAFIOS DA LIDERANÇA ÁGIL COM IA. 45

**6.6** REFLEXÃO CRÍTICA: A NOVA ERA DA LIDERANÇA ÁGIL. 46

**7** **COMO A IA REVOLUCIONA O DESENVOLVIMENTO PROFISSIONAL E O ENGAJAMENTO INDIVIDUAL.** 48

**7.1** A PERSONALIZAÇÃO NO DESENVOLVIMENTO PROFISSIONAL: IA COMO AGENTE TRANSFORMADOR. 48

**7.2** IA E O FEEDBACK PERSONALIZADO: UMA NOVA FORMA DE AUMENTAR A EFICÁCIA. 49

**7.3** MOTIVAÇÃO E ENGAJAMENTO: IA COMO FACILITADORA DO ENVOLVIMENTO EMOCIONAL. 50

**7.4** IDENTIFICAÇÃO DE OPORTUNIDADES DE DESENVOLVIMENTO COM IA. 51

**7.5** DESAFIOS ÉTICOS E LIMITAÇÕES DA IA NA PERSONALIZAÇÃO. 52

**7.6** DICAS PRÁTICAS PARA IMPLEMENTAR IA NA PERSONALIZAÇÃO DE EQUIPES. 53

**7.7** A NOVA FRONTEIRA DA PERSONALIZAÇÃO COM IA. 54

**8** **LIDERANÇA ESPIRITUAL E INTELIGÊNCIA ARTIFICIAL: UM CAMINHO PARA A CONSCIÊNCIA TECNOLÓGICA.** 55

**8.1** O PAPEL DA LIDERANÇA ESPIRITUAL NA ERA DA IA. 55

**8.2** IA E A CONSCIÊNCIA HUMANA: O DESPERTAR ESPIRITUAL NA TECNOLOGIA. 56

**8.3** DESAFIOS ÉTICOS E ESPIRITUAIS NA IMPLEMENTAÇÃO DE IA. 57

8.4   O FUTURO DA LIDERANÇA ESPIRITUAL E IA: UMA NOVA ÉTICA PARA A TECNOLOGIA.
58
8.5   A BÚSSOLA ÉTICA.                                                                    59

9   DAVID HAWKINS E IA.                                                                   60

9.1   A ESCALA HAWKINS E A LIDERANÇA CONSCIENTE.                                          60
9.2   LIDERANÇA EM NÍVEIS ELEVADOS E O USO CONSCIENTE DA IA.                              61
9.3   NÍVEIS BAIXOS DA ESCALA E O RISCO NA IMPLEMENTAÇÃO DE IA.                           62
9.4   ALINHANDO A IA COM A CONSCIÊNCIA ELEVADA.                                           64
9.5   IA, CONSCIÊNCIA E O FUTURO DA LIDERANÇA.                                            65

10   OS DIFERENTES TIPOS DE LIDERANÇA E IA.                                               66

10.1   LIDERANÇA TRANSFORMACIONAL.                                                        66
10.2   LIDERANÇA SITUACIONAL.                                                             67
10.3   LIDERANÇA AUTOCRÁTICA.                                                             67
10.4   LIDERANÇA DEMOCRÁTICA.                                                             68
10.5   LIDERANÇA LAISSEZ-FAIRE.                                                           68
10.6   LIDERANÇA SERVIDORA.                                                               69
10.7   LIDERANÇA CARISMÁTICA.                                                             70
10.8   CONCLUSÃO.                                                                         70

11   O LÍDER COMO VISIONÁRIO TECNOLÓGICO.                                                 71

11.1   O PAPEL DO LÍDER VISIONÁRIO NA ERA DA IA.                                          71
11.2   CRIANDO UMA CULTURA DE INOVAÇÃO: O ALICERCE PARA O FUTURO.                         72
11.3   ESTRUTURAS DE APRENDIZADO CONTÍNUO: CAPACITANDO EQUIPES PARA O
FUTURO.                                                                                  73
11.4   O LÍDER VISIONÁRIO E A ADOÇÃO DE IA: ESTRATÉGIAS DE SUCESSO.                       74
11.5   O DESAFIO DA INOVAÇÃO COM IA: SUPERANDO OBSTÁCULOS.                                76
11.6   DICAS PRÁTICAS PARA LÍDERES VISIONÁRIOS EM IA.                                     77
11.7   O FUTURO DA LIDERANÇA COM IA.                                                      78

12   TRANSFORMANDO RESULTADOS: CASOS DE SUCESSO DE LIDERANÇA
COM IA.                                                                                  79

**12.1** CASOS DE SUCESSO. 79
12.1.1 CASO 1: AMAZON E A AUTOMAÇÃO LOGÍSTICA. 79
12.1.2 CASO 2: NETFLIX E PERSONALIZAÇÃO BASEADA EM IA. 80
12.1.3 CASO 3: SIEMENS E A TRANSFORMAÇÃO DA MANUFATURA. 81
12.1.4 CASO 4: STARBUCKS E O ENGAJAMENTO DO CLIENTE COM IA. 81
12.1.5 CASO 5: IBM WATSON E O DIAGNÓSTICO MÉDICO. 82
12.1.6 CASO 6: FORD E A TRANSFORMAÇÃO DO SETOR AUTOMOTIVO COM IA. 83
**12.2** APLICAÇÕES PRÁTICAS PARA LÍDERES E ORGANIZAÇÕES. 84
**12.3** CONCLUSÃO. 85

**13 FUTURO DA LIDERANÇA COM IA: O PRÓXIMO PASSO. 86**

**13.1** A NOVA GERAÇÃO DE IA: TECNOLOGIAS EMERGENTES. 86
**13.2** NOVOS DESAFIOS ÉTICOS E DE GOVERNANÇA. 87
**13.3** PREPARANDO OS LÍDERES DO FUTURO. COMPETÊNCIAS ESSENCIAIS. 89
**13.4** LIDERANDO EM UM MUNDO TRANSFORMADO PELA IA. 90

**14 CONCLUSÃO. 92**

**15 REFERÊNCIAS BIBLIOGRÁFICAS. 94**

**16 DESCUBRA A COLEÇÃO COMPLETA "INTELIGÊNCIA ARTIFICIAL E O PODER DOS DADOS" – UM CONVITE PARA TRANSFORMAR SUA CARREIRA E CONHECIMENTO. 96**

**16.1** POR QUE COMPRAR ESTA COLEÇÃO? 96
**16.2** PÚBLICO-ALVO DESTA COLEÇÃO? 97
**16.3** MUITO MAIS DO QUE TÉCNICA – UMA TRANSFORMAÇÃO COMPLETA. 97

**17 OS LIVROS DA COLEÇÃO. 99**

**17.1** DADOS, INFORMAÇÃO E CONHECIMENTO NA ERA DA INTELIGÊNCIA ARTIFICIAL. 99

**17.2** Dos Dados em Ouro: Como Transformar Informação em Sabedoria na Era da IA. 99

**17.3** Desafios e Limitações dos Dados na IA. 99

**17.4** Dados Históricos em Bases de Dados para IA: Estruturas, Preservação e Expurgo. 99

**17.5** Vocabulário Controlado para Dicionário de Dados: Um Guia Completo. 100

**17.6** Curadoria e Administração de Dados para a Era da IA. 100

**17.7** Arquitetura de Informação. 100

**17.8** Fundamentos: O Essencial para Dominar a Inteligência Artificial. 100

**17.9** LLMS - Modelos de Linguagem de Grande Escala. 100

**17.10** Machine Learning: Fundamentos e Avanços. 101

**17.11** Por Dentro das Mentes Sintéticas. 101

**17.12** A Questão dos Direitos Autorais. 101

**17.13** 1121 Perguntas e Respostas: Do Básico ao Complexo– Parte 1 a 4.101

**17.14** O Glossário Definitivo da Inteligência Artificial. 102

**17.15** Engenharia de Prompt - Volumes 1 a 6. 102

**17.16** Guia para ser um Engenheiro De Prompt – Volumes 1 e 2. 103

**17.17** Governança de Dados com IA – Volumes 1 a 3. 103

**17.18** Governança de Algoritmos. 103

**17.19** De Profissional de Ti para Expert em IA: O Guia Definitivo para uma Transição de Carreira Bem-Sucedida. 104

**17.20** Liderança Inteligente com IA: Transforme sua Equipe e Impulsione Resultados. 104

**17.21** Impactos e Transformações: Coleção Completa. 104

**17.22** Big Data com IA: Coleção Completa. 105

**18 SOBRE O AUTOR.** 106

**19 COMO CONTATAR O PROF. MARCÃO.** 108

**19.1** Para palestras, treinamento e mentoria empresarial. 108

**19.2** Prof. Marcão, no Linkedin. 108

# Prefácio

Vivemos em uma era em que a inteligência artificial (IA) deixou de ser apenas uma promessa tecnológica para se tornar uma força motriz transformadora em todos os setores.

No cerne dessa revolução está a mudança no papel da liderança: líderes de hoje não precisam apenas gerenciar equipes e processos, mas também adaptar-se rapidamente às inovações tecnológicas que remodelam o mercado.

Este livro, "Liderança Inteligente com IA - Transforme sua Equipe e Impulsione Resultados", é um guia essencial para líderes que desejam alavancar as ferramentas mais avançadas da IA para potencializar suas equipes e criar ambientes de trabalho mais ágeis, inovadores e eficazes.

Este livro é destinado a profissionais que estão à frente de equipes e que buscam uma compreensão mais profunda de como a IA pode otimizar seus processos de liderança. Seja você um gerente, diretor ou líder empresarial que já possui uma base em tecnologia ou está apenas começando a explorar o poder da IA, este material oferece insights valiosos.

Líderes em setores como tecnologia, recursos humanos, finanças, manufatura e educação poderão se beneficiar ao aplicar os conceitos aqui discutidos para melhorar a produtividade e o engajamento de suas equipes.

Os capítulos exploram de maneira clara e objetiva as implicações práticas da IA para a liderança, desde a automação de processos até o desenvolvimento de habilidades emocionais no gerenciamento de equipes. Abordamos temas essenciais como:

- A revolução da liderança na era da IA: como a inteligência artificial está remodelando a tomada de decisões e a gestão de equipes.

- Fundamentos de IA para líderes: redes neurais, visão computacional e o uso prático de IA no cotidiano de liderança.

- Desenvolvimento da inteligência emocional com IA: como a tecnologia pode melhorar a comunicação interpessoal e facilitar a resolução de conflitos.

- Modelos de liderança ágil com IA: adaptando-se rapidamente em um mundo em constante transformação tecnológica.

- Aplicações práticas de IA na personalização de feedbacks e desenvolvimento de equipes, criando ambientes de trabalho mais motivadores e dinâmicos.

O livro destaca também as limitações e desafios éticos que envolvem a implementação da IA fornecendo uma base sólida para líderes que desejam incorporar essas ferramentas de forma responsável e ética.

Mais do que uma simples adoção de tecnologias, este livro convida os líderes a refletirem sobre o papel da IA como um facilitador da inovação, mas sempre colocando o humano no centro das decisões.

Ao longo dos capítulos, você encontrará estudos de caso que ilustram como grandes empresas, como Amazon, Netflix e Ford, estão utilizando a IA para transformar suas operações.

Esses exemplos são fundamentais para mostrar que a tecnologia, quando aplicada corretamente, pode liberar tempo para inovação, melhorar a tomada de decisões e criar novas oportunidades de desenvolvimento dentro das equipes.

Este volume faz parte da coleção "Inteligência Artificial: O Poder dos Dados", que explora os impactos e as transformações que a IA pode trazer para diferentes áreas de atuação.

Juntos, os livros da coleção oferecem uma visão completa, ajudando os profissionais a entender como essa revolução tecnológica pode otimizar a governança de dados, melhorar processos e promover uma liderança eficaz.

Entretanto, este é apenas o início de uma jornada essencial no campo da inteligência artificial. Ao adquirir e ler os demais volumes da coleção, você terá uma visão holística e profunda sobre como a IA pode ser uma força transformadora nas suas operações e lideranças, criando um futuro mais eficiente, inclusivo e inovador para sua organização.

Boa leitura!
Bons aprendizados!

Prof. Marcão - Marcus Vinícius Pinto

Mestre em Tecnologia da Informação
Especialista em Tecnologia da Informação.
Consultor, Mentor e Palestrante sobre Inteligência Artificial,
Arquitetura de Informação e Governança de Dados.
Fundador, CEO, professor e
orientador pedagógico da MVP Consult.

# 1 A Revolução da liderança na era da ia: como a inteligência artificial está remodelando o papel dos líderes.

A transformação digital tem sido o motor de profundas mudanças nas dinâmicas de trabalho e nas relações interpessoais dentro das organizações.

No centro dessa revolução está a inteligência artificial (IA), que vem remodelando não apenas os processos técnicos, mas também a forma como as lideranças se desenvolvem e se posicionam em um mundo cada vez mais automatizado e interconectado.

Para líderes de hoje, a IA não é mais uma escolha ou um diferencial; ela é uma necessidade.

## 1.1 IA e a tomada de decisões: uma mudança de paradigma.

A tomada de decisões sempre foi o cerne da liderança. No entanto, com a chegada da IA, a forma como as decisões são tomadas está passando por uma transformação sem precedentes.

Tradicionalmente, líderes baseavam suas decisões em experiência pessoal, intuição e informações limitadas. Embora essas capacidades humanas ainda sejam valiosas, a IA introduziu uma nova dimensão na equação: a análise de grandes volumes de dados em tempo real, auxiliando líderes a tomarem decisões mais precisas, informadas e ágeis.

Um exemplo real dessa transformação pode ser visto na empresa Target. Através de sofisticados algoritmos de IA, a empresa foi capaz de prever padrões de compra de seus consumidores e ajustar suas campanhas de marketing de forma personalizada.

Isso culminou em uma polêmica, quando a IA de Target identificou, com precisão, o padrão de compras de uma adolescente grávida antes mesmo que sua família soubesse.

Este caso ilustra o poder da IA na análise preditiva e na automação de decisões, mas também levanta questões éticas que os líderes devem considerar ao integrar IA em suas decisões.

Outro exemplo é o uso de IA pela empresa General Electric (GE) para otimizar suas operações de manutenção de equipamentos industriais.

Ao aplicar algoritmos preditivos, a GE consegue prever falhas em maquinários antes que elas ocorram, reduzindo custos e evitando interrupções na produção.

Esse tipo de aplicação da IA nas decisões estratégicas redefine o papel dos líderes, que agora podem concentrar seus esforços em questões mais estratégicas e criativas, enquanto a IA assume a análise detalhada de dados e a execução de decisões operacionais.

1.2     IA e a gestão de equipes: a nova dinâmica.

Um dos maiores impactos da IA na liderança moderna é a forma como ela influencia a gestão de equipes.

A IA permite que líderes acompanhem o desempenho de seus colaboradores de maneira muito mais eficaz, automatizando tarefas administrativas e facilitando a personalização da experiência de cada colaborador.

O conceito de "gestão personalizada" está se tornando uma realidade prática, onde algoritmos podem analisar dados de produtividade, feedbacks e desempenho, permitindo que os líderes ajustem suas abordagens de maneira mais rápida e precisa.

Por exemplo, a plataforma de gestão de equipes Microsoft Viva utiliza IA para analisar padrões de trabalho dos funcionários, fornecendo insights sobre como melhorar a produtividade e o bem-estar.

A IA analisa quando os colaboradores são mais produtivos, quando precisam de pausas ou até mesmo quando podem estar sobrecarregados.

Esses dados permitem que os líderes ajam proativamente, ajustando horários e alocando tarefas de forma que respeitem o equilíbrio entre produtividade e qualidade de vida, promovendo uma cultura de trabalho mais saudável e eficiente.

No entanto, com essas ferramentas vêm desafios. O uso excessivo de monitoramento baseado em IA pode criar um ambiente de trabalho que, ao invés de promover o bem-estar, gera desconfiança e ansiedade nos colaboradores.

Líderes devem encontrar o equilíbrio certo entre utilizar dados para otimizar o desempenho e respeitar a autonomia e privacidade dos indivíduos. A transparência no uso desses sistemas é essencial para construir uma cultura de confiança dentro da equipe.

1.3    IA e a criação de uma cultura de inovação.

A IA não é apenas uma ferramenta; ela tem o potencial de transformar a própria cultura organizacional, especialmente quando o foco está na inovação.

Empresas que integram IA em seus processos de forma estratégica podem se beneficiar de uma cultura de experimentação e aprendizado contínuo, onde a inovação se torna parte do DNA corporativo.

Um exemplo claro disso é a Amazon.

A gigante do e-commerce tem utilizado IA em todas as áreas de suas operações, desde recomendações de produtos até logística e atendimento ao cliente. No entanto, o verdadeiro diferencial da Amazon é como a empresa integra a IA como parte de sua cultura de inovação.

O uso de IA é incentivado como uma maneira de experimentar, melhorar continuamente e desenvolver novos produtos e serviços. A Amazon Web Services (AWS), uma das maiores fontes de receita da empresa, surgiu a partir de um esforço inovador apoiado em tecnologias de IA mostrando como a integração de IA e inovação pode transformar a visão de negócios.

Para os líderes, criar uma cultura de inovação com IA envolve mais do que simplesmente adotar novas tecnologias. Trata-se de promover um ambiente onde a experimentação é encorajada, onde os erros são vistos como oportunidades de aprendizado e onde a IA é usada para testar hipóteses e soluções de maneira mais rápida e eficiente.

Além disso, é fundamental que os líderes estejam atentos às implicações éticas e ao impacto humano dessas tecnologias.

1.4    Dicas Práticas para Líderes na Era da IA.

Aprenda a colaborar com a IA: Ao invés de ver a IA como uma ferramenta que substitui o julgamento humano, os líderes devem aprender a colaborar com ela.

Isso significa usar a IA para complementar suas próprias habilidades e intuições, tomando decisões mais informadas e precisas. Um bom exemplo é a IBM Watson, que auxilia médicos a identificar diagnósticos difíceis, permitindo que os profissionais usem a IA como um "colega de equipe", e não como um substituto.

Incentive a experimentação contínua: Líderes devem promover uma cultura de inovação em que a IA é utilizada para experimentar novas abordagens e soluções.

A IA permite testar diferentes hipóteses rapidamente, fornecendo feedback quase imediato. Isso é particularmente útil em empresas que trabalham com desenvolvimento de produtos ou serviços inovadores, como a Tesla, que usa IA para otimizar processos de fabricação e testar novas tecnologias de automação.

Equilíbrio entre automação e humanização: Embora a IA traga ganhos de eficiência significativos, os líderes precisam manter o equilíbrio entre a automação e o fator humano.

A IA pode automatizar tarefas administrativas, mas a motivação, criatividade e inovação da equipe ainda dependem de uma liderança humana efetiva. Empresas que encontram esse equilíbrio, como a Google, têm sido capazes de manter uma cultura inovadora e dinâmica, sem perder de vista a importância da liderança humana.

Foco na ética e transparência: O uso crescente da IA também aumenta a responsabilidade dos líderes em garantir que as práticas sejam transparentes e éticas.

O uso de IA para monitorar equipes, por exemplo, deve ser feito de maneira justa e com o consentimento dos colaboradores. Líderes que promovem uma cultura de transparência no uso de IA, como a Salesforce, conseguem construir um ambiente de confiança, ao mesmo tempo em que aproveitam os benefícios da automação.

1.5    Reflexão crítica: o novo perfil do líder na era da IA.

À medida que a inteligência artificial avança, o papel do líder também evolui. A liderança tradicional baseada apenas em experiência e intuição já não é suficiente.

O líder moderno precisa desenvolver habilidades tecnológicas, entender como os algoritmos influenciam as decisões e ser capaz de integrar a IA de forma ética e eficaz em suas práticas diárias.

Além disso, a capacidade de navegar entre a automação e o fator humano é essencial para manter a equipe motivada, inovadora e engajada.

A IA não substitui a liderança, mas a transforma, oferecendo novas oportunidades e desafios para aqueles que estão prontos para abraçar essa revolução tecnológica. As empresas que conseguirem alavancar a IA para criar líderes mais capacitados e adaptáveis estarão à frente na corrida pela inovação e pela eficiência no cenário global competitivo.

## 2   Fundamentos de inteligência artificial para líderes.

A inteligência artificial (IA) deixou de ser um conceito técnico distante para se tornar uma ferramenta estratégica no dia a dia de líderes e gestores.

Ao compreender os fundamentos da IA, líderes podem não apenas incorporar novas tecnologias em suas operações, mas também transformar a maneira como gerenciam equipes, tomam decisões e impulsionam a inovação.

Machine learning: a base da inteligência artificial moderna.

O machine learning (aprendizado de máquina) é um dos pilares da IA moderna. Ele se refere à capacidade de algoritmos de aprenderem com dados e melhorarem seu desempenho ao longo do tempo sem serem explicitamente programados para cada tarefa.

Essa tecnologia é fundamental para diversas aplicações da IA em áreas como previsões de mercado, personalização de serviços e automação de processos.

Para líderes, compreender o machine learning é crucial, pois ele pode transformar a maneira como as decisões são tomadas e os projetos são gerenciados.

Um exemplo prático pode ser visto no setor financeiro, onde algoritmos de machine learning são utilizados para prever fraudes. A empresa PayPal, por exemplo, emprega algoritmos avançados para analisar milhões de transações e identificar padrões suspeitos, o que permite à equipe de liderança agir de maneira rápida e eficiente.

No gerenciamento de equipes, o machine learning pode ser utilizado para prever comportamentos de desempenho, identificar necessidades de treinamento e até sugerir ajustes em processos para aumentar a produtividade. Ao aplicar essas técnicas, líderes podem antecipar desafios e otimizar o uso de recursos humanos e tecnológicos.

## 2.1    Redes neurais: simulando o cérebro humano.

As redes neurais são estruturas computacionais inspiradas no funcionamento do cérebro humano. Elas são compostas por camadas de "neurônios" artificiais que processam dados e podem realizar tarefas como reconhecimento de imagens, detecção de padrões e classificação de informações complexas.

Redes neurais são a base de avanços significativos na IA, como o reconhecimento facial, veículos autônomos e diagnósticos médicos automatizados.

Para os líderes, redes neurais oferecem ferramentas poderosas para lidar com grandes volumes de dados e complexidade. No setor de saúde, por exemplo, redes neurais estão sendo usadas para interpretar imagens médicas com alta precisão.

O sistema de IA da Google Health já conseguiu detectar sinais de câncer de mama em mamografias com uma taxa de sucesso superior à de especialistas humanos. Isso demonstra o potencial da IA em áreas críticas, permitindo que líderes concentrem seus esforços em decisões estratégicas enquanto a tecnologia lida com tarefas operacionais.

Nas empresas, redes neurais podem ser utilizadas para melhorar a experiência do cliente, otimizar processos internos e prever tendências de mercado. Ao compreender como as redes neurais funcionam, líderes podem identificar oportunidades para alavancar essa tecnologia e criar estratégias mais eficazes.

Processamento de linguagem natural (NLP): a nova era da comunicação.

O Natural Language Processing (NLP) é um campo da IA que se dedica à interação entre máquinas e humanos por meio da linguagem natural.

A partir de técnicas de NLP, sistemas de IA podem compreender, interpretar e gerar texto ou fala de forma que se assemelhe à comunicação humana. Isso tem sido fundamental para o desenvolvimento de assistentes virtuais, chatbots, tradução automática e análise de sentimentos em redes sociais.

Para líderes, o NLP pode ser uma ferramenta valiosa para otimizar a comunicação interna e externa, melhorar o atendimento ao cliente e promover a automação de processos administrativos.

Um exemplo notável é o uso do ChatGPT, que, com base em NLP, permite que empresas automatizem o atendimento ao cliente, respondendo a perguntas comuns de maneira eficiente e personalizada.

Empresas como Zendesk integram chatbots baseados em NLP para resolver problemas simples dos clientes, permitindo que as equipes de suporte se concentrem em questões mais complexas.

Além disso, o NLP pode ser utilizado por líderes para análise de tendências de mercado. Ao monitorar redes sociais, feedbacks de clientes e opiniões de stakeholders, a IA pode identificar padrões e fornecer insights que ajudem a equipe de liderança a ajustar suas estratégias de comunicação e marketing.

Dessa forma, o NLP não só melhora a eficiência operacional, mas também apoia líderes na tomada de decisões estratégicas baseadas em dados reais.

2.2    Visão computacional: o poder de ver e interpretar o mundo.

A visão computacional é o campo da IA que capacita máquinas a "verem" e interpretarem o mundo visual, como humanos fazem. Por meio de algoritmos avançados e redes neurais profundas, sistemas de visão computacional conseguem reconhecer e analisar imagens, identificar objetos, interpretar cenários e até realizar ações com base nessas análises, como nos carros autônomos.

No contexto corporativo, a visão computacional tem aplicações que vão desde a melhoria da segurança até a automação de processos industriais.

Por exemplo, a Tesla utiliza visão computacional para o desenvolvimento de seus carros autônomos, permitindo que os veículos reconheçam obstáculos, sinais de trânsito e outros veículos na estrada, tudo em tempo real. Isso não só transforma a indústria automobilística, como também oferece uma nova dimensão de segurança e eficiência.

Em ambientes corporativos, essa tecnologia pode ser aplicada para monitoramento de fábricas, controle de qualidade em linhas de produção e até na análise de comportamento dos clientes em lojas físicas, através de câmeras inteligentes.

Ao compreender o poder da visão computacional, os líderes podem explorar como essa tecnologia pode melhorar a precisão, reduzir custos e aumentar a segurança em suas operações.

## 2.3    Dicas práticas para líderes incorporarem IA nas suas decisões.

### 1    Compreenda os fundamentos.

Antes de implementar IA, é essencial que os líderes tenham uma compreensão básica de conceitos como machine learning, redes neurais e NLP.

Isso permitirá uma comunicação mais eficaz com as equipes técnicas e a tomada de decisões mais informadas.

Ao dominar conceitos como machine learning, redes neurais, NLP e visão computacional, os líderes não só estarão preparados para implementar IA em suas operações, mas também para guiar suas equipes em direção a um futuro mais inovador e eficiente.

O conhecimento técnico é o primeiro passo para uma liderança inteligente e estratégica, e aqueles que souberem como alavancar esses recursos estarão na vanguarda da transformação digital.

2    Comece pequeno.

A adoção de IA não precisa ser um salto gigantesco. Comece com pequenos projetos, como a automação de processos simples ou a integração de chatbots para atendimento ao cliente.

Use esses projetos como aprendizado antes de expandir para aplicações mais complexas.

3    Foque em dados de qualidade.

IA depende de dados. Certifique-se de que sua empresa esteja coletando, armazenando e analisando dados de alta qualidade. Isso não só melhora os resultados dos algoritmos de IA, mas também garante que as decisões baseadas em IA sejam mais precisas.

4    Automatize, mas mantenha a supervisão humana.

A IA pode automatizar muitas tarefas, mas os líderes devem sempre manter uma supervisão humana para garantir que a automação esteja alinhada com os objetivos da empresa e que os resultados sejam éticos e justos.

5    Desenvolva um mindset de inovação.

A IA está em constante evolução. Os líderes devem promover uma cultura de aprendizado contínuo e inovação dentro de suas equipes, incentivando a experimentação com novas ferramentas e tecnologias de IA.

# 3 IA e o desenvolvimento da inteligência emocional na gestão de equipes.

Nas últimas décadas, a inteligência emocional (IE) tem sido amplamente reconhecida como uma competência essencial para a liderança eficaz.

Líderes com alta inteligência emocional são capazes de gerenciar suas próprias emoções, compreender os sentimentos de suas equipes e, com isso, promover um ambiente de trabalho mais harmonioso, produtivo e motivador.

No entanto, com o avanço das tecnologias de inteligência artificial (IA), estamos começando a ver máquinas capazes de analisar e interpretar emoções humanas, criando um novo paradigma em que a IA não apenas auxilia em tarefas operacionais, mas também contribui para o desenvolvimento de habilidades emocionais no ambiente de trabalho.

## 3.1 IA e a análise de emoções: o futuro da comunicação interpessoal.

A inteligência emocional tradicional envolve a habilidade de reconhecer e interpretar as emoções dos outros, um processo que requer empatia, atenção e sensibilidade interpessoal.

Com o avanço da IA, surgem tecnologias capazes de fazer essa leitura emocional por meio da análise de dados comportamentais e de voz, além de interpretações baseadas em texto.

Um exemplo notável dessa aplicação é a tecnologia de análise de emoções baseada em IA desenvolvida pela Cogito. A Cogito criou uma plataforma que analisa as interações por voz em call centers para identificar o estado emocional dos clientes e dos atendentes em tempo real.

A plataforma avalia o tom, o ritmo e a inflexão da voz, fornecendo sugestões instantâneas para que os atendentes ajustem sua abordagem, como quando falar com mais calma ou demonstrar empatia. Isso aumenta significativamente a qualidade da interação e a satisfação dos clientes, ao mesmo tempo que melhora a inteligência emocional dos funcionários.

Na gestão de equipes, essa mesma tecnologia pode ser aplicada para ajudar líderes a entender melhor o estado emocional de seus colaboradores durante reuniões ou interações virtuais, oferecendo insights que permitam intervenções mais assertivas e empáticas. Isso é particularmente importante em ambientes de trabalho remoto, onde os sinais emocionais podem ser menos visíveis, mas não menos significativos.

A IA se torna, assim, uma ferramenta que complementa a percepção emocional humana, ajudando líderes a tomar decisões mais eficazes e sensíveis às necessidades emocionais da equipe.

3.2     IA na resolução de conflitos: facilitando a mediação e o diálogo.

O conflito é inevitável em qualquer organização, mas o sucesso de um líder depende de sua capacidade de lidar com esses conflitos de maneira construtiva.

A IA está começando a desempenhar um papel fundamental no apoio à mediação de conflitos dentro de equipes, utilizando análise de comportamento e processamento de linguagem natural (NLP) para identificar tensões e propor soluções antes que os conflitos se tornem problemáticos.

Por exemplo, a plataforma AI Mediation, criada por pesquisadores da Universidade de Stanford, usa IA para atuar como um mediador imparcial em disputas trabalhistas.

Ao analisar o tom e o conteúdo das comunicações entre as partes envolvidas, a plataforma identifica áreas de desacordo e sugere formas de resolução baseadas em dados históricos de conflitos semelhantes.

Embora a presença de um mediador humano ainda seja necessária, a IA pode fornecer informações valiosas sobre os pontos críticos de tensão e as emoções subjacentes, permitindo uma resolução mais rápida e eficaz.

Líderes podem usar ferramentas de IA como essa para monitorar de forma contínua o clima organizacional e detectar sinais precoces de insatisfação ou desconexão entre membros da equipe.

Por exemplo, plataformas que monitoram o fluxo de comunicação digital, como e-mails ou plataformas de colaboração, podem analisar o tom e a frequência das interações para identificar possíveis conflitos ou falta de engajamento.

Esses insights permitem que os líderes intervenham antes que a situação se agrave, promovendo uma cultura de diálogo aberto e respeito mútuo.

# 4 IA e motivação: personalização de feedback e desenvolvimento.

A motivação das equipes é um desafio constante para qualquer líder. Com o uso da IA, os líderes podem personalizar o feedback e ajustar suas estratégias de desenvolvimento de maneira mais precisa, aumentando o engajamento e a satisfação dos colaboradores.

Ferramentas como a Koru, uma plataforma de inteligência artificial focada em desenvolvimento de carreiras, são capazes de analisar o desempenho individual de cada funcionário e fornecer feedbacks personalizados com base em dados de comportamento e de produtividade.

A plataforma sugere áreas de melhoria, identifica pontos fortes e recomenda estratégias de desenvolvimento pessoal, tudo com base em dados empíricos e evidências de sucesso anteriores. Isso não apenas aprimora a percepção do líder sobre o desenvolvimento de sua equipe, mas também permite que os colaboradores sintam que seu progresso está sendo observado e valorizado de maneira personalizada.

Além disso, a IA pode ser utilizada para monitorar o engajamento emocional dos funcionários ao longo do tempo. Ferramentas de análise de sentimentos em plataformas de comunicação interna, como o Slack, podem fornecer uma visão sobre o estado emocional da equipe em tempo real.

Líderes podem usar esses dados para ajustar o estilo de liderança, implementar mudanças no ambiente de trabalho ou oferecer incentivos específicos para manter a motivação alta. Essa capacidade de personalização permite que a liderança seja mais responsiva e adaptável às necessidades emocionais da equipe.

## 4.1 Desafios éticos e limitações da IA na gestão emocional.

Apesar das inúmeras vantagens da IA na gestão de equipes e na promoção da inteligência emocional, essa tecnologia também apresenta desafios significativos, especialmente em termos éticos.

A capacidade de uma IA identificar e analisar emoções humanas levanta questões sobre privacidade e consentimento. A coleta de dados emocionais, muitas vezes realizada de forma passiva, pode gerar desconforto entre os colaboradores, especialmente se as informações forem usadas de maneira inadequada ou invasiva.

Além disso, há o risco de a IA se tornar excessivamente intrusiva, monitorando constantemente as interações dos funcionários e interferindo nas dinâmicas pessoais e interpessoais de uma equipe.

Líderes devem ter cuidado ao usar essas ferramentas, garantindo que a transparência esteja sempre em primeiro plano e que o uso de IA respeite os limites éticos e legais.

Outro desafio é a limitação da IA em compreender plenamente a complexidade das emoções humanas. Embora as tecnologias de IA possam identificar padrões emocionais com base em dados de voz ou texto, elas ainda carecem da sensibilidade e da profundidade de compreensão que os seres humanos trazem para as interações emocionais.

A IA, por mais avançada que seja, não pode substituir a empatia humana e o julgamento emocional que os líderes devem desenvolver e aplicar no dia a dia.

4.2   Dicas práticas para incorporar IA no desenvolvimento de inteligência emocional.

1   Utilize IA como suporte, não como substituto.

A IA pode ser uma excelente ferramenta para complementar as habilidades emocionais humanas, mas não deve substituí-las.

Use a tecnologia para identificar padrões emocionais ou sugerir estratégias, mas continue exercitando a empatia e o julgamento humano em cada interação.

2    Monitore o clima organizacional.

Ferramentas de análise de sentimentos podem ajudar líderes a monitorar o bem-estar emocional das equipes em tempo real.

Esteja atento a sinais de insatisfação ou desconexão e intervenha antes que se tornem problemas maiores.

3    Personalize o desenvolvimento de sua equipe.

Use IA para fornecer feedbacks personalizados e identificar oportunidades de desenvolvimento para cada colaborador.

Isso demonstra que o líder valoriza o crescimento individual, aumentando a motivação e o engajamento.

4    Respeite a privacidade.

Ao utilizar IA para monitorar emoções e comportamentos, é essencial que os líderes garantam a transparência e o respeito à privacidade dos colaboradores.

Certifique-se de que a equipe esteja ciente do uso da tecnologia e que haja consentimento explícito.

5    Equilibre dados e intuição.

Embora a IA forneça dados valiosos sobre emoções e comportamento, confie também na sua intuição e experiência como líder.

Os dados podem apoiar suas decisões, mas o relacionamento humano continua sendo a chave para uma liderança eficaz.

4.3    O líder do futuro e a inteligência emocional das máquinas.

À medida que a IA avança no desenvolvimento de capacidades emocionais, os líderes têm uma oportunidade única de combinar o melhor da inteligência artificial com a inteligência emocional humana.

As ferramentas de IA podem melhorar a comunicação, personalizar o desenvolvimento e facilitar a resolução de conflitos, mas os líderes ainda precisam liderar com empatia, ética e sensibilidade.

A verdadeira revolução está na capacidade de os líderes integrarem essas tecnologias de maneira responsável, maximizando os benefícios sem perder de vista o que torna a liderança humana única.

A IA pode aprimorar a inteligência emocional, mas o coração da liderança continuará a ser a conexão genuína entre líderes e suas equipes.

# 5 Como a IA está automatizando processos e liberando tempo para a inovação.

A automação inteligente, impulsionada pela inteligência artificial (IA), está transformando a maneira como as organizações funcionam e redefinindo o conceito de produtividade.

À medida que as máquinas assumem tarefas repetitivas e rotineiras, os colaboradores são liberados para focar em atividades de maior valor, como a inovação, a resolução de problemas complexos e o desenvolvimento de estratégias criativas.

Para os líderes, a adoção de tecnologias de automação inteligente se tornou essencial para garantir que suas equipes estejam não apenas mais eficientes, mas também mais envolvidas e produtivas em atividades que exigem a intervenção humana.

## 5.1 IA e automação de tarefas rotineiras: um novo paradigma de produtividade.

O conceito de automação não é novo; a revolução industrial já trouxe consigo a substituição de tarefas manuais por máquinas. No entanto, com o advento da IA, a automação evoluiu para um novo nível de sofisticação, capaz de lidar não apenas com tarefas físicas, mas também com funções cognitivas repetitivas que antes dependiam exclusivamente de seres humanos.

Ferramentas de IA podem realizar tarefas administrativas, como análise de dados, gestão de e-mails, preenchimento de relatórios, atendimento ao cliente e outras funções que, embora importantes, não exigem criatividade humana.

Um exemplo notável de automação inteligente está presente na empresa UiPath, líder em soluções de automação robótica de processos (RPA).

A UiPath utiliza IA para automatizar processos de negócios que antes eram feitos manualmente, como a inserção de dados, o processamento de faturas e a reconciliação de informações financeiras.

Ao automatizar essas tarefas, a empresa libera tempo dos colaboradores para que eles se concentrem em atividades estratégicas, como o desenvolvimento de novos produtos ou o aprimoramento da experiência do cliente.

Outro exemplo é o uso da IA pela IBM para automatizar seu sistema de RH. Ao adotar uma solução de IA que gerencia a triagem de currículos, a IBM conseguiu reduzir o tempo de contratação em até 30%, permitindo que os profissionais de RH se dediquem à avaliação de candidatos para cargos estratégicos, ao invés de se prenderem a tarefas burocráticas e demoradas.

5.2    Automação e a liberação do potencial criativo.

A automação inteligente permite que os colaboradores foquem em tarefas que realmente requerem inteligência humana — como a criação, inovação e resolução de problemas complexos.

Ao automatizar processos operacionais, os líderes podem garantir que suas equipes estejam concentradas em atividades que adicionem valor estratégico ao negócio.

No setor financeiro, por exemplo, a JP Morgan implementou uma IA chamada COiN (Contract Intelligence), que revisa contratos legais e financeiros em segundos — uma tarefa que anteriormente consumia milhares de horas de advogados e analistas.

Com essa automação, a equipe jurídica da empresa agora pode focar em atividades mais analíticas e estratégicas, como a negociação de contratos complexos ou a mitigação de riscos legais.

Essa mudança de foco das tarefas rotineiras para atividades criativas não apenas aumenta a produtividade, mas também melhora o engajamento dos funcionários.

Pesquisas mostram que colaboradores que se envolvem em atividades criativas e desafiadoras tendem a ser mais satisfeitos e motivados no trabalho. A automação, portanto, não substitui os colaboradores, mas redistribui seu tempo e energia para funções que impulsionam o crescimento da organização e promovem o desenvolvimento pessoal.

## 5.3    Aplicações práticas de IA para automação de fluxos de trabalho.

Diversas ferramentas de IA estão disponíveis para automatizar fluxos de trabalho em praticamente todos os setores. Abaixo, estão alguns exemplos de como a IA está sendo aplicada de forma prática para melhorar a eficiência das equipes:

1    Automação de Atendimento ao Cliente.

Plataformas de IA, como o Zendesk e o Salesforce, oferecem soluções de automação para o atendimento ao cliente, utilizando chatbots que respondem automaticamente a perguntas frequentes, resolvem problemas simples e encaminham questões mais complexas para agentes humanos.

Isso não apenas reduz o tempo de resposta, mas também permite que os agentes de suporte se concentrem em casos mais complicados e de maior valor para o cliente.

2    Processamento de Linguagem Natural (NLP) em Documentos.

Empresas como a Google e a Microsoft estão utilizando ferramentas de IA para automatizar a análise de grandes volumes de documentos e e-mails.

Algoritmos de NLP podem filtrar, categorizar e extrair informações relevantes de maneira automática, permitindo que equipes jurídicas, de compliance e de marketing economizem tempo precioso na análise manual de grandes quantidades de texto.

3    Automação de Processos de Vendas.

Ferramentas como o HubSpot utilizam IA para automatizar o fluxo de vendas, desde o acompanhamento de leads até a geração de relatórios de desempenho.

Essas soluções liberam os vendedores para que eles foquem em construir relacionamentos com os clientes e fechar negócios, em vez de se concentrarem em tarefas administrativas.

4    Automação de Produção em Indústrias.

A IA também está revolucionando a automação industrial. A Siemens, por exemplo, utiliza IA em suas fábricas para monitorar o desempenho das máquinas e prever falhas antes que elas ocorram, reduzindo assim o tempo de inatividade e garantindo maior eficiência operacional.

Esse tipo de automação não apenas economiza tempo, mas também evita perdas financeiras significativas.

5.4    Desafios da automação e a necessidade de uma abordagem humana.

Apesar dos inúmeros benefícios da automação inteligente, a transição para uma força de trabalho automatizada também apresenta desafios.

O principal deles é a necessidade de preparar a equipe para se adaptar à nova realidade. A automação pode gerar preocupações entre os colaboradores sobre a substituição de suas funções, o que pode levar a resistência e desconforto.

Líderes devem ser transparentes sobre os benefícios da automação, explicando que o objetivo não é substituir pessoas, mas maximizar seu potencial humano.

Em vez de focar no medo de que a IA possa "tomar seus empregos", os líderes devem destacar como a automação pode liberar os colaboradores para se concentrarem em tarefas que exigem criatividade, empatia e julgamento crítico — habilidades que as máquinas, por mais avançadas que sejam, ainda não conseguem replicar.

Outro desafio é a necessidade de treinamento contínuo. À medida que a IA e a automação avançam, os colaboradores precisarão aprender a trabalhar em conjunto com essas tecnologias.

Programas de capacitação e treinamento são essenciais para garantir que a equipe esteja equipada para maximizar o uso dessas ferramentas.

Líderes inteligentes devem investir em formação contínua, incentivando o aprendizado de novas competências que ajudarão os colaboradores a tirar proveito da automação e a contribuir de forma mais estratégica para o crescimento da empresa.

5.5   Dicas práticas para líderes ao implementar automação inteligente.

1. Identifique processos repetitivos.

Comece identificando as tarefas que são rotineiras e repetitivas dentro da sua organização. Essas são as principais candidatas à automação, liberando sua equipe para focar em atividades mais complexas e criativas.

2. Escolha ferramentas de IA que sejam fáceis de integrar.

Existem inúmeras ferramentas de IA disponíveis no mercado, mas é essencial escolher aquelas que possam ser facilmente integradas aos sistemas e processos já existentes. Isso minimizará a curva de aprendizado e garantirá uma transição mais suave para a automação.

3. Comunique-se de forma clara com a equipe.

Explique os benefícios da automação para a equipe desde o início e deixe claro que a automação é uma ferramenta para apoiar o trabalho humano, e não para substituí-lo. Crie uma cultura de aprendizado e adaptação contínua.

4. Foque em tarefas de alto valor.

Use a automação para liberar sua equipe de tarefas que não exigem julgamento humano, permitindo que eles foquem em projetos inovadores, no relacionamento com clientes e em atividades que requerem criatividade e pensamento estratégico.

5. Monitore o impacto e ajuste constantemente.

Depois de implementar a automação, é importante monitorar constantemente seu impacto na produtividade e no bem-estar da equipe.

Faça ajustes conforme necessário para garantir que a automação esteja, de fato, agregando valor ao trabalho diário.

O futuro da produtividade com automação inteligente.

A automação inteligente não é apenas uma tendência passageira; ela é o futuro da produtividade. À medida que as tecnologias de IA continuam a evoluir, os líderes terão a oportunidade de transformar a maneira como suas equipes operam, aumentando a eficiência, a criatividade e a satisfação no trabalho.

No entanto, o sucesso dessa transformação depende da capacidade dos líderes de guiar suas equipes através dessa transição, equilibrando a automação com o valor humano.

Ao automatizar tarefas rotineiras, os líderes estão não apenas melhorando a eficiência operacional, mas também criando um espaço para que suas equipes prosperem em um ambiente mais estratégico e inovador.

# 6 Modelos de liderança ágil com IA.

A agilidade no ambiente corporativo se tornou uma habilidade essencial para os líderes que desejam prosperar em um mundo tecnológico marcado por constantes mudanças.

Com a rápida evolução da inteligência artificial (IA) e sua integração crescente nas organizações, as metodologias ágeis — conhecidas por sua flexibilidade e foco na adaptação contínua — estão sendo amplamente transformadas.

A IA não apenas acelera os fluxos de trabalho e a capacidade de resposta, como também permite que os líderes implementem mudanças estratégicas de maneira rápida e eficaz.

## 6.1 A natureza da liderança ágil na era da IA.

As metodologias ágeis, amplamente difundidas no desenvolvimento de software, colocam a flexibilidade e a adaptação no centro das operações.

Elas promovem ciclos de feedback curtos, tomadas de decisão rápidas e a capacidade de ajustar estratégias conforme as circunstâncias mudam.

À medida que a IA se integra cada vez mais no ambiente corporativo, ela se torna uma ferramenta chave para impulsionar essa agilidade, fornecendo dados e análises em tempo real que permitem decisões informadas e ajustes instantâneos nos processos.

A liderança ágil com IA envolve a habilidade de reagir rapidamente a mudanças, identificar oportunidades em meio à volatilidade e tomar decisões com base em informações altamente dinâmicas.

Com a IA, os líderes têm a capacidade de acompanhar a evolução das condições de mercado, monitorar o desempenho da equipe e ajustar suas estratégias de forma contínua.

Um exemplo de aplicação dessa abordagem pode ser observado na Spotify, uma empresa que utiliza metodologias ágeis para desenvolver e aprimorar continuamente seu serviço de streaming.

A empresa emprega a IA para analisar o comportamento dos usuários em tempo real, o que lhes permite ajustar rapidamente os algoritmos de recomendação de músicas e identificar tendências emergentes no consumo de mídia.

Com esse ciclo ágil, a Spotify consegue entregar valor constante aos seus usuários, ao mesmo tempo em que mantém sua liderança no mercado competitivo de streaming.

6.2    IA e a otimização de fluxos de trabalho ágeis.

A IA pode ser uma poderosa aliada na implementação de fluxos de trabalho ágeis. Ela ajuda a otimizar tarefas que exigem tempo e precisão, automatizando processos e fornecendo dados acionáveis em tempo real.

Ao automatizar funções repetitivas e de baixo valor, a IA libera os membros da equipe para se concentrarem em atividades estratégicas e criativas.

Ferramentas de automação com IA, como o Jira Software e o Trello, ajudam as equipes a gerenciar projetos ágeis com maior eficiência. Essas ferramentas utilizam IA para priorizar tarefas, prever prazos e sugerir melhorias contínuas no fluxo de trabalho.

No ambiente de desenvolvimento de software, por exemplo, essas soluções de IA podem detectar possíveis falhas antes mesmo que ocorram, fornecendo insights sobre gargalos no pipeline de produção e sugerindo otimizações.

Isso garante que as equipes possam se adaptar rapidamente a novos requisitos ou desafios, mantendo a produtividade e a qualidade do produto final.

Além disso, a IA pode ser utilizada para coletar dados e gerar relatórios de desempenho em tempo real, ajudando os líderes a monitorar a eficácia das mudanças implementadas e a ajustar suas estratégias conforme necessário.

Essa capacidade de feedback contínuo, facilitada pela IA, é essencial para manter a agilidade em um ambiente de trabalho altamente dinâmico.

6.3    Adaptando-se à mudança com IA: a gestão de crises.

A agilidade na liderança é ainda mais crítica em tempos de crise. A pandemia da COVID-19, por exemplo, mostrou o quão importante é para os líderes serem capazes de reagir rapidamente a mudanças inesperadas e desafiadoras.

A IA se destacou como uma ferramenta essencial para a gestão de crises, ajudando organizações a se ajustarem em meio a um cenário de incertezas.

Durante a pandemia, empresas como a Zoom cresceram exponencialmente ao adaptar suas operações rapidamente. A Zoom utilizou IA para ajustar sua infraestrutura à demanda crescente por videoconferências, escalando seus serviços de forma ágil para atender a milhões de novos usuários.

Ao utilizar a IA para prever o aumento de demanda e otimizar a capacidade de seus servidores, a empresa conseguiu evitar falhas de sistema e manter a qualidade do serviço em meio a uma crise global.

Outro exemplo é o setor de logística, onde empresas como a DHL usaram IA para otimizar suas cadeias de suprimentos durante a pandemia.

Ao empregar algoritmos preditivos, a DHL conseguiu identificar e mitigar interrupções na cadeia de fornecimento em tempo real, adaptando rapidamente seus processos logísticos para garantir entregas em um cenário global desafiador. Esse tipo de agilidade, mediada pela IA, foi fundamental para a continuidade das operações em um período de crise.

## 6.4    Técnicas para implementar liderança ágil com IA.

### 1    Tomada de Decisões Baseada em Dados.

A IA permite que líderes obtenham insights em tempo real sobre a performance da equipe e o andamento de projetos. Ao automatizar a coleta e análise de dados, a IA ajuda os líderes a tomar decisões rápidas e bem fundamentadas. Por exemplo, líderes podem utilizar IA para identificar tendências de desempenho e ajustar metas antes que os problemas se tornem críticos.

### 2    Feedback Contínuo e Iteração.

Em um modelo ágil, o feedback contínuo é essencial. A IA pode fornecer relatórios automáticos sobre o progresso de projetos, sugerir melhorias em tempo real e até prever possíveis falhas.

Isso permite que os líderes mantenham um ciclo contínuo de melhorias e iterações rápidas.

### 3    3. Automatização de Processos Repetitivos.

Para garantir que os membros da equipe estejam focados em atividades estratégicas e de alto valor, a automação de tarefas repetitivas é fundamental.

Usar ferramentas de IA para automatizar processos administrativos, relatórios e monitoramento de desempenho pode liberar tempo valioso para o trabalho criativo e inovador.

4    Capacidade de Resposta a Crises.

A IA oferece ferramentas de previsão e análise que permitem aos líderes reagir rapidamente a crises. Ao monitorar os dados em tempo real e identificar rapidamente os sinais de alerta, os líderes podem tomar medidas preventivas ou de correção de curso de forma ágil.

Essa capacidade de resposta pode ser essencial em momentos de alta volatilidade ou mudanças repentinas no mercado.

5    5. Promoção de uma Cultura de Adaptação.

Uma liderança ágil não se limita à tecnologia; ela também envolve a criação de uma cultura de adaptação contínua.

Líderes que promovem uma mentalidade de aprendizado contínuo, onde erros são vistos como oportunidades de melhoria, são mais bem-sucedidos em implantar uma abordagem ágil combinada com IA. A IA pode ajudar a identificar áreas de melhoria e sugerir ajustes em tempo real, reforçando essa cultura.

6.5    Desafios da liderança ágil com IA.

Embora a IA ofereça inúmeros benefícios para aprimorar a agilidade da liderança, também existem desafios.

Um dos principais desafios é garantir que a equipe esteja preparada para adotar essas tecnologias de forma eficiente. Muitas vezes, a resistência à mudança pode ser um obstáculo significativo, especialmente quando se trata de integrar IA em fluxos de trabalho existentes.

Líderes devem priorizar a formação e o treinamento contínuo para garantir que suas equipes se sintam à vontade com o uso da IA e compreendam seu valor.

Além disso, a agilidade excessiva — sem uma estrutura clara — pode levar a uma execução inconsistente e desordenada. É essencial equilibrar a flexibilidade com a disciplina nos processos para garantir que a agilidade não comprometa a qualidade e a eficiência.

Outro desafio é a gestão de dados. A IA depende de grandes volumes de dados de qualidade para fornecer resultados precisos. Líderes precisam garantir que suas organizações estejam coletando, armazenando e gerenciando dados de maneira ética e eficiente, garantindo a conformidade com as normas de privacidade e segurança.

6.6     Reflexão crítica: a nova era da liderança ágil.

A combinação da IA com a liderança ágil cria um modelo robusto e adaptável que pode enfrentar com eficiência as demandas de um mundo empresarial em constante mudança.

Líderes que utilizam IA para otimizar fluxos de trabalho, tomar decisões rápidas e responder a crises não só estão melhor posicionados para ter sucesso, como também estão criando organizações mais resilientes e inovadoras.

A verdadeira transformação ocorre quando a IA é utilizada para aumentar a capacidade dos líderes de responder às incertezas do mercado, promover a adaptação contínua e fomentar uma cultura de aprendizado.

Os líderes do futuro, aqueles que adotam a IA e integram metodologias ágeis em seus modelos de gestão, estarão melhor preparados para enfrentar os desafios de um ambiente tecnológico em constante evolução, ao mesmo tempo em que incentivam a inovação e a agilidade organizacional.

# 7 Como a IA revoluciona o desenvolvimento profissional e o engajamento individual.

No mundo corporativo contemporâneo, o foco no desenvolvimento individual e no engajamento das equipes se tornou uma prioridade para os líderes que buscam maximizar o desempenho e a satisfação de seus colaboradores.

No entanto, a personalização em grande escala sempre foi um desafio. É aí que a inteligência artificial (IA) entra em cena. A IA oferece ferramentas poderosas que permitem não apenas personalizar o desenvolvimento de cada membro da equipe, mas também melhorar o engajamento, adaptar estratégias de motivação e fornecer feedbacks de forma precisa e eficaz.

## 7.1 A personalização no desenvolvimento profissional: IA como agente transformador.

Tradicionalmente, o desenvolvimento profissional de uma equipe seguia um caminho relativamente padronizado, com programas de capacitação e treinamentos em larga escala.

Porém, esse modelo muitas vezes falhava ao endereçar as necessidades específicas de cada colaborador. A IA, por meio de algoritmos de aprendizado de máquina e análise preditiva, tem a capacidade de personalizar o desenvolvimento de cada indivíduo, permitindo que líderes ofereçam suporte adaptado às suas habilidades, metas e áreas de melhoria.

Um exemplo claro dessa aplicação pode ser encontrado na plataforma de desenvolvimento de talentos Pymetrics, que utiliza IA para analisar habilidades cognitivas e emocionais de funcionários e, a partir desses dados, recomendar caminhos de desenvolvimento personalizados.

A plataforma ajuda a criar perfis únicos para cada colaborador, permitindo que os gestores ofereçam oportunidades de treinamento e capacitação que melhor se alinham às suas necessidades e ambições profissionais.

Outro exemplo é o Coursera for Business, que utiliza IA para sugerir cursos com base no perfil de cada colaborador, considerando seu histórico de aprendizado, funções atuais e interesses futuros.

Ao invés de oferecer programas genéricos de treinamento, o Coursera permite que os colaboradores façam escolhas personalizadas que não só aprimoram suas habilidades, mas também os motivam ao fornecer um plano de desenvolvimento que se alinha às suas aspirações profissionais.

## 7.2 IA e o feedback personalizado: uma nova forma de aumentar a eficácia.

Uma das maiores dificuldades dos líderes é oferecer feedbacks que sejam ao mesmo tempo personalizados e eficazes. Com a IA, essa tarefa se torna mais precisa e prática.

Ferramentas de análise de desempenho baseadas em IA coletam e analisam dados continuamente, permitindo que os líderes ofereçam feedbacks em tempo real, ajustados para as necessidades de cada colaborador.

Um exemplo disso é a plataforma BetterWorks, que utiliza IA para monitorar o progresso dos funcionários em tempo real, fornecendo insights e sugestões sobre como melhorar o desempenho e alcançar objetivos de maneira mais eficaz.

A plataforma também envia notificações para os gestores quando identifica áreas onde o colaborador pode estar enfrentando dificuldades, sugerindo que o líder ofereça um feedback construtivo e relevante. Dessa forma, o feedback deixa de ser um evento esporádico e se transforma em um processo contínuo e personalizado.

A IA também permite que os gestores adaptem o tom e o formato dos feedbacks com base na análise de preferências e padrões de comportamento de cada colaborador.

Para alguns, um feedback mais direto e objetivo pode ser o mais eficaz; para outros, um formato mais detalhado e encorajador pode gerar melhores resultados. Com o uso de IA, os líderes podem entender melhor essas preferências e ajustar sua abordagem para maximizar o impacto de seus feedbacks.

7.3    Motivação e engajamento: IA como facilitadora do envolvimento emocional.

Além do desenvolvimento profissional e do feedback, a IA também desempenha um papel vital no engajamento emocional das equipes. Ferramentas de IA são capazes de monitorar padrões comportamentais e emocionais dos colaboradores ao longo do tempo, identificando sinais de desmotivação ou falta de engajamento antes que eles se tornem problemas críticos.

A partir dessa análise, os líderes podem intervir proativamente, ajustando estratégias de motivação e oferecendo apoio emocional ou técnico onde necessário.

A Kudos, uma plataforma de reconhecimento de funcionários, é um exemplo de IA sendo utilizada para reforçar o engajamento no ambiente de trabalho. Através da análise dos dados coletados, a Kudos sugere quando e como os líderes devem reconhecer as conquistas de seus colaboradores, aumentando a motivação e o moral da equipe.

Ao identificar momentos-chave em que o reconhecimento faz diferença, a plataforma garante que os funcionários se sintam valorizados e conectados aos seus objetivos, melhorando significativamente o engajamento.

Outro exemplo é o Workday, que utiliza IA para rastrear o nível de engajamento dos funcionários através da análise de interações diárias e métricas de desempenho.

A ferramenta fornece insights sobre quais aspectos da cultura ou das operações da empresa podem estar afetando o moral e sugere mudanças que podem melhorar o ambiente de trabalho.

Isso permite que os líderes ajam com base em dados e ofereçam um suporte mais direcionado, evitando a perda de talento e melhorando o desempenho geral da equipe.

7.4    Identificação de oportunidades de desenvolvimento com IA.

A IA também pode ser uma aliada na identificação de oportunidades de desenvolvimento que não são imediatamente visíveis. Por meio da análise de dados comportamentais e de desempenho, a IA pode detectar padrões que indicam áreas nas quais um colaborador pode se destacar ou onde pode precisar de treinamento adicional.

Por exemplo, a plataforma de desenvolvimento de carreira LinkedIn Learning utiliza IA para recomendar novos cursos ou habilidades que podem ser desenvolvidas com base nas funções anteriores de um funcionário e nas demandas do mercado.

Essa personalização permite que os colaboradores explorem novas áreas de interesse ou desenvolvam habilidades que os posicionem para promoções ou mudanças de carreira, criando um ciclo de desenvolvimento contínuo.

Para os líderes, isso significa que é possível identificar mais rapidamente quais colaboradores estão prontos para assumir novos desafios e quais necessitam de suporte adicional em áreas específicas.

A personalização baseada em IA permite que o desenvolvimento profissional não seja apenas eficiente, mas também voltado para o crescimento individual, beneficiando tanto o colaborador quanto a organização.

7.5    Desafios éticos e limitações da IA na personalização.

Apesar dos benefícios significativos que a IA pode trazer para a personalização e o engajamento, existem também desafios éticos e limitações que devem ser considerados pelos líderes.

O uso de IA para monitorar o comportamento dos funcionários pode levantar questões sobre privacidade, e há sempre o risco de que os dados sejam interpretados de maneira inadequada ou injusta.

Líderes devem garantir que a implementação de IA nas práticas de personalização seja feita de forma transparente e ética, sempre buscando o consentimento explícito dos colaboradores e assegurando que os dados sejam utilizados para o benefício do desenvolvimento profissional, e não como uma ferramenta de controle.

Além disso, é importante lembrar que, por mais avançada que seja a IA, ela não substitui o julgamento humano. A IA pode identificar padrões e oferecer sugestões, mas cabe ao líder aplicar essas informações de forma sensível e ponderada.

Outro ponto de atenção é a dependência excessiva de algoritmos para decisões críticas. O viés algorítmico pode influenciar as recomendações feitas pela IA reforçando estereótipos ou perpetuando desigualdades já existentes.

Cabe aos líderes examinar criticamente as sugestões feitas pela IA e garantir que elas estejam alinhadas com os valores e objetivos da organização.

**7.6    Dicas práticas para implementar IA na personalização de equipes.**

1    Escolha ferramentas que se alinhem às necessidades da equipe.

Antes de implementar qualquer ferramenta de IA, é importante que os líderes identifiquem quais áreas da equipe podem se beneficiar mais da personalização. Isso pode incluir o desenvolvimento profissional, feedback contínuo ou engajamento emocional.

2    Personalize feedbacks em tempo real.

Utilize IA para fornecer feedback contínuo e adaptado ao estilo de trabalho de cada colaborador. Isso garante que os colaboradores recebam sugestões e orientações que realmente agregam valor ao seu desenvolvimento.

3    3. Monitore o engajamento de forma proativa.

Ferramentas de IA podem detectar sinais de desmotivação antes que se tornem evidentes. Utilize essas ferramentas para identificar rapidamente colaboradores que precisam de mais apoio, ajustando as estratégias de engajamento conforme necessário.

4    Adapte planos de desenvolvimento.

Ferramentas de IA podem ajudar a construir planos de desenvolvimento individualizados, alinhando as aspirações de carreira dos colaboradores às necessidades da organização, criando um ciclo de crescimento contínuo.

5    5. Respeite a privacidade e ética.

Certifique-se de que o uso de IA seja transparente e ético, garantindo que os dados dos colaboradores sejam protegidos e utilizados para promover o bem-estar e o crescimento individual.

## 7.7    A nova fronteira da personalização com IA.

A IA oferece oportunidades sem precedentes para personalizar o desenvolvimento e o engajamento de equipes, permitindo que líderes adotem abordagens mais eficazes e direcionadas ao crescimento de seus colaboradores.

No entanto, a verdadeira transformação ocorre quando a IA é usada em conjunto com a sensibilidade e o julgamento humano, criando uma liderança mais atenta às necessidades individuais, ao mesmo tempo em que utiliza dados e tecnologia para otimizar o desempenho e a motivação.

Os líderes que souberem como equilibrar o uso de IA com uma abordagem humana estarão mais bem equipados para criar equipes altamente engajadas e alinhadas com os objetivos estratégicos da organização.

# 8 Liderança espiritual e inteligência artificial: um caminho para a consciência tecnológica.

À primeira vista, liderança espiritual e inteligência artificial (IA) podem parecer conceitos distantes, quase opostos. A liderança espiritual evoca ideias de conexão profunda, intuição, sabedoria humana e ética, enquanto a IA frequentemente é associada à eficiência, automação e cálculo frio.

No entanto, quando examinadas em profundidade, essas duas esferas têm um potencial significativo para interagir e, quando bem combinadas, podem criar um modelo de liderança equilibrado, onde a tecnologia serve a um propósito maior, moldado por valores humanos elevados.

## 8.1 O Papel da liderança espiritual na era da IA.

Liderança espiritual não se refere apenas a líderes religiosos ou espirituais formais. Trata-se de um tipo de liderança enraizada em valores humanos, como empatia, compaixão, ética e o reconhecimento do valor intrínseco da vida.

Em uma era onde as decisões tecnológicas influenciam profundamente a vida humana, a liderança espiritual oferece um contrapeso essencial à eficiência e produtividade que a IA promove.

O líder espiritual, no contexto da IA, é aquele que consegue integrar a sabedoria espiritual com a lógica tecnológica. Esse líder reconhece que a IA pode ser uma força poderosa para o bem, mas que também carrega riscos significativos, como a desumanização, a perda de autonomia e o viés algorítmico que pode perpetuar injustiças sociais.

Assim, o papel da liderança espiritual é usar uma bússola ética para orientar o desenvolvimento e a implementação de tecnologias de IA garantindo que os valores humanos permaneçam no centro de todas as decisões.

## 8.2    IA e a consciência humana: o despertar espiritual na tecnologia.

O conceito de consciência é um ponto de intersecção interessante entre a espiritualidade e a IA. Enquanto a IA, em sua forma atual, não possui "consciência" ou autoconsciência, as implicações de suas decisões e ações têm impactos profundos nas vidas humanas.

Líderes espirituais podem guiar o desenvolvimento da IA lembrando que cada ação automatizada tem uma reverberação ética e emocional nas pessoas.

Nesse sentido, uma liderança espiritual não deve rejeitar a IA, mas sim buscar maneiras de integrar a tecnologia dentro de uma moldura ética e espiritual.

A IA pode, por exemplo, ser utilizada para melhorar a saúde mental, como já acontece com algumas plataformas de IA dedicadas ao apoio psicológico.

Em países como o Japão, tecnologias de IA estão sendo integradas em práticas religiosas e espirituais, com robôs desenvolvidos para realizar rituais funerários budistas e proporcionar conforto emocional.

Essas aplicações, quando orientadas pela ética e pela compaixão, mostram que a IA pode servir ao desenvolvimento espiritual e à promoção do bem-estar humano.

No entanto, é importante que líderes espirituais estejam profundamente envolvidos nessas discussões, para garantir que essas tecnologias não percam de vista o valor da experiência humana e o respeito à dignidade.

8.3    Desafios éticos e espirituais na implementação de IA.

A IA apresenta desafios éticos que têm fortes raízes espirituais, especialmente quando se trata de questões como o viés algorítmico, o uso de dados pessoais e a possível substituição de empregos.

A liderança espiritual pode trazer luz a esses desafios, oferecendo uma perspectiva que coloca a dignidade humana, a justiça e o equilíbrio como prioridades.

1    Viés algorítmico e injustiça social.

Sistemas de IA, quando não adequadamente projetados, podem amplificar preconceitos e desigualdades existentes.

 Um líder espiritual deve se preocupar em como a IA pode impactar as populações mais vulneráveis e marginalizadas. A justiça, um princípio espiritual essencial, deve ser a base da criação e implementação de IA.

A liderança espiritual, portanto, demanda que se olhe além da eficiência técnica e se considere o impacto humano mais amplo.

2    Despersonalização e desconexão humana.

Um dos maiores riscos da IA é o distanciamento entre as pessoas e suas experiências diretas.

A dependência excessiva de IA em áreas como o atendimento ao cliente, saúde e até interações sociais pode levar à despersonalização.

A liderança espiritual pode contrabalançar essa tendência, lembrando que, mesmo em um mundo digital, o valor da conexão humana e da empatia nunca pode ser substituído por algoritmos.

3    IA e o futuro do trabalho.

A automação proporcionada pela IA está transformando o mundo do trabalho, o que pode gerar tensões espirituais relacionadas ao propósito de vida e à dignidade humana.

A perda de empregos em função da automação pode gerar crises emocionais e espirituais em muitos trabalhadores.

Líderes espirituais precisam estar à frente dessas conversas, ajudando as pessoas a navegar pelas mudanças e a encontrar novas formas de significado e propósito em um mundo automatizado.

8.4    O Futuro da Liderança Espiritual e IA: uma nova ética para a tecnologia.

O futuro da IA, quando guiado por princípios de liderança espiritual, pode ser promissor. Em vez de uma tecnologia puramente instrumental, a IA pode ser usada como uma ferramenta para o crescimento humano, a justiça e a realização espiritual.

Para isso, os líderes espirituais precisam estar ativamente envolvidos nas discussões sobre o desenvolvimento de IA garantindo que os valores de compaixão, equidade e respeito à vida humana sejam incorporados desde o início do processo de inovação tecnológica.

Aqui estão algumas reflexões sobre como a liderança espiritual pode moldar o futuro da IA:

1    Criação de um Código de Ética Espiritual para IA.

Organizações e líderes espirituais podem colaborar para criar um código ético que guie o desenvolvimento e a implementação de IA, com base em princípios espirituais como compaixão, justiça e respeito à dignidade humana.

Isso garantiria que a tecnologia sempre fosse utilizada em prol do bem comum.

2    Educação para o Uso Ético da IA.

Líderes espirituais podem educar tanto desenvolvedores quanto o público em geral sobre os impactos éticos e espirituais da IA.

A alfabetização tecnológica precisa ser complementada por uma alfabetização ética, onde as pessoas entendam não apenas como usar a IA, mas como usá-la de maneira a beneficiar o maior número de pessoas.

3    Promoção do Bem-Estar através da IA.

A IA pode ser usada para promover o bem-estar espiritual e emocional. Ferramentas de IA, como assistentes virtuais e aplicativos de meditação, podem ser projetadas para ajudar as pessoas a alcançarem equilíbrio, paz interior e um maior senso de conexão com o mundo.

8.5    A bússola ética.

A liderança espiritual oferece uma bússola ética que pode guiar o desenvolvimento da IA de maneira mais consciente e humana. Embora a IA ofereça vastas oportunidades, também traz desafios profundos que tocam o coração da nossa compreensão sobre o que significa ser humano.

Ao integrar a liderança espiritual com a inovação tecnológica, podemos garantir que a IA seja uma força para o bem, promovendo a justiça, o bem-estar e a conexão humana em um mundo cada vez mais automatizado.

Ao pensar sobre o futuro da IA, é crucial lembrar que a verdadeira inteligência, seja humana ou artificial, deve sempre estar a serviço da compaixão, da justiça e do amor. Isso é o que torna a liderança espiritual indispensável na era da inteligência artificial.

# 9    David Hawkins e IA.

A Escala de Consciência de David Hawkins, popularmente conhecida como Escala Hawkins, é uma ferramenta que mede os níveis de consciência humana em uma escala logarítmica que vai de 0 a 1000.

Na base da escala estão estados de consciência baixos, como vergonha e culpa, enquanto no topo estão os níveis mais elevados, como amor incondicional, paz e iluminação.

Hawkins argumenta que, à medida que uma pessoa ou uma sociedade sobe na escala, sua influência positiva e capacidade de promover o bem-estar aumentam exponencialmente.

Neste contexto, a interseção entre a Escala Hawkins, liderança e a inteligência artificial (IA) traz à tona reflexões profundas sobre como os líderes podem e talvez devam utilizar tecnologias avançadas como a IA de forma consciente e ética, visando o bem-estar coletivo.

A liderança guiada pelos princípios da Escala Hawkins incentiva o uso da IA de forma compassiva, equilibrada e transparente, destacando que a tecnologia deve estar a serviço do desenvolvimento humano e do bem comum.

## 9.1    A Escala Hawkins e a liderança consciente.

Liderança consciente, alinhada com os princípios da Escala Hawkins, requer que os líderes operem em estados mais elevados de consciência, onde valores como coragem, aceitação, amor e paz estejam no centro de suas decisões.

Estes líderes não veem a IA apenas como uma ferramenta para aumentar a eficiência ou maximizar lucros, mas sim como uma forma de beneficiar suas equipes, organizações e a sociedade como um todo.

Níveis mais baixos da escala, como medo, raiva ou orgulho, muitas vezes levam a decisões baseadas em interesses pessoais, controle ou dominação.

Líderes que operam nesses níveis podem implementar IA de forma insensível ou exploratória, exacerbando problemas como o viés algorítmico, o desemprego em massa e a desumanização das interações.

Por outro lado, líderes que atuam em níveis mais elevados, como coragem, aceitação e amor, têm maior probabilidade de usar a IA para criar um ambiente de trabalho mais colaborativo, humano e inovador, garantindo que a tecnologia seja usada de forma justa e inclusiva.

9.2    Liderança em níveis elevados e o uso consciente da IA.

Nos níveis mais altos da Escala Hawkins, como amor e aceitação, a liderança é caracterizada pela integridade, empatia e visão de longo prazo. Esses líderes estão preocupados não apenas com os resultados imediatos, mas com o impacto social e espiritual de suas decisões, incluindo o uso da IA.

1    Amor (500).

Um líder que opera no nível do amor está profundamente preocupado com o bem-estar de seus colaboradores e da sociedade.

Ao implementar IA, esse líder focará em como a tecnologia pode melhorar a qualidade de vida, promover o crescimento humano e reduzir desigualdades.

Por exemplo, ao invés de apenas usar IA para automatizar tarefas e reduzir custos, eles poderiam adotar IA para melhorar o ambiente de trabalho, promover o bem-estar mental ou criar oportunidades de desenvolvimento profissional personalizadas para seus funcionários.

2    Aceitação (350).

Neste nível, o líder reconhece a diversidade e a complexidade dos seres humanos e, portanto, utiliza a IA de forma a promover inclusão. Isso pode significar a adoção de práticas transparentes em relação ao uso de dados, garantindo que algoritmos sejam treinados de forma justa, sem perpetuar preconceitos sociais.

Líderes neste nível também são mais propensos a educar suas equipes sobre o uso ético da IA e a fomentar uma cultura de responsabilidade social em relação à tecnologia.

3    Coragem (200).

No nível da coragem, o líder tem a disposição de enfrentar os desafios éticos da IA de forma aberta e construtiva.

Ele assume a responsabilidade de garantir que a implementação da IA seja feita com transparência e considera os possíveis impactos de longo prazo.

Esses líderes estão dispostos a desafiar a pressão por resultados rápidos ou lucros a curto prazo em nome de uma adoção mais cuidadosa e ética da tecnologia.

9.3    Níveis baixos da escala e o risco na implementação de IA.

Líderes que operam nos níveis mais baixos da Escala Hawkins (como medo, orgulho ou raiva) podem implementar a IA de maneira que amplifique os problemas sociais, promovendo desigualdades e desumanizando interações.

Abaixo estão alguns exemplos de como a IA pode ser usada de forma distorcida quando aplicada por líderes com uma consciência mais baixa:

1    Medo (100).

O uso da IA como ferramenta de controle é típico de líderes que operam no nível do medo.

Aqui, a IA pode ser implementada como uma forma de vigilância, visando monitorar os funcionários de maneira excessiva, ou para criar um ambiente de trabalho baseado em penalidades e microgestão.

Esse tipo de implementação geralmente destrói a confiança e cria uma cultura de medo e desconfiança entre os colaboradores.

2    Orgulho (175).

Líderes orgulhosos podem ver a IA como uma forma de afirmar sua superioridade, seja sobre concorrentes ou até sobre seus próprios colaboradores.

O uso da IA pode ser impulsionado pela vaidade ou pela busca de status, sem consideração pelas implicações éticas.

Isso pode resultar na adoção de tecnologias de IA que maximizam os lucros às custas de empregos, direitos dos trabalhadores ou bem-estar geral.

3    Raiva (150).

A raiva pode levar ao uso da IA de forma punitiva, onde a tecnologia é utilizada para reforçar o poder de forma agressiva.

Isso pode se manifestar em práticas de trabalho excessivamente rigorosas, onde a IA é usada para medir e punir o desempenho em vez de promover o crescimento e o aprendizado.

## 9.4    Alinhando a IA com a consciência elevada.

Para alinhar o uso da IA com níveis mais elevados de consciência na Escala Hawkins, é fundamental que os líderes adotem uma abordagem holística e humanitária ao desenvolvimento e implementação dessas tecnologias. Algumas práticas essenciais incluem:

1    Transparência e Responsabilidade.

Líderes precisam garantir que os sistemas de IA sejam desenvolvidos e implementados de forma transparente, com um forte compromisso com a responsabilidade ética.

Isso significa envolver as partes interessadas em todos os níveis e estar atento às questões de privacidade, segurança e viés.

2    Empoderamento e Inclusão.

A IA deve ser usada para empoderar os indivíduos, oferecendo a eles ferramentas para crescer e se desenvolver.

Ao invés de substituir o capital humano, a IA deve ser uma extensão que amplifique as capacidades humanas, promovendo o aprendizado contínuo e a inclusão.

3    Visão de Longo Prazo.

A liderança consciente é visionária. Líderes devem olhar além dos resultados imediatos e considerar o impacto de longo prazo da IA na sociedade, nas estruturas de trabalho e no bem-estar coletivo.

Eles devem garantir que as decisões tomadas hoje não comprometam a dignidade humana nem a sustentabilidade futura.

## 9.5    IA, consciência e o futuro da liderança.

A intersecção entre a Escala Hawkins e a liderança no contexto da IA oferece uma nova perspectiva sobre como a tecnologia pode ser usada de forma elevada e consciente.

A IA, em si mesma, é uma ferramenta neutra; seu impacto depende inteiramente da consciência daqueles que a utilizam.

Líderes que operam em estados mais elevados de consciência terão a oportunidade de utilizar a IA como um catalisador para um mundo mais justo, equilibrado e harmonioso, onde a tecnologia serve como um meio de amplificar as melhores qualidades humanas.

Em última análise, a liderança espiritual e consciente, guiada pela Escala Hawkins, é essencial para garantir que a IA se torne uma força para o bem, criando um futuro no qual a tecnologia e a humanidade possam prosperar juntas.

# 10  Os diferentes tipos de liderança e IA.

A aplicação da inteligência artificial (IA) nas diferentes abordagens de liderança de equipes pode trazer benefícios substanciais que transformam a forma como líderes interagem com seus colaboradores, tomam decisões e gerenciam o desempenho organizacional.

Cada estilo de liderança pode se beneficiar de maneira única com as tecnologias de IA promovendo maior eficiência, personalização e inovação.

A seguir estão as principais vantagens da IA nas diversas abordagens de liderança de equipes.

## 10.1  Liderança transformacional.

A liderança transformacional foca em inspirar e motivar os membros da equipe a atingir seu potencial máximo, promovendo a inovação e a mudança dentro da organização. A IA pode ser uma aliada poderosa para esse estilo de liderança ao fornecer insights e ferramentas que ajudam a transformar a cultura organizacional e aprimorar a performance individual.

- Personalização do Desenvolvimento Profissional: Ferramentas de IA, como plataformas de aprendizado baseadas em algoritmos, podem identificar as necessidades específicas de desenvolvimento de cada colaborador e recomendar cursos e programas de treinamento personalizados. Isso ajuda os líderes a oferecer oportunidades de crescimento que motivam e inspiram seus funcionários.

- Monitoramento de Metas e Feedback em Tempo Real: A IA permite um acompanhamento contínuo do progresso em direção às metas. Com isso, líderes podem fornecer feedback em tempo real, reconhecendo conquistas ou ajustando direções antes que problemas se intensifiquem. Isso garante que os colaboradores se sintam apoiados e incentivados a melhorar continuamente.

- Inovação Facilitada: A IA pode ajudar a detectar tendências e oportunidades emergentes no setor, proporcionando aos líderes transformacionais dados que fomentam a inovação. Esses insights permitem que os líderes inspirem suas equipes a se adaptarem rapidamente às mudanças e a implementarem novas ideias.

## 10.2    Liderança situacional.

Na liderança situacional, o líder ajusta seu estilo de liderança com base nas circunstâncias e nas necessidades dos membros da equipe. A IA pode oferecer suporte a esse tipo de liderança ao fornecer dados e análises que ajudam o líder a entender melhor o contexto e a adaptar sua abordagem.

- Análise de Sentimento e Engajamento: A IA pode ser usada para monitorar o estado emocional e o engajamento dos colaboradores por meio de análises de dados comportamentais. Isso permite que os líderes ajustem suas abordagens de acordo com a situação emocional e a disposição de cada membro da equipe, escolhendo o estilo de liderança mais eficaz para o momento.

- Automatização de Decisões Situacionais: A IA pode analisar dados em tempo real e sugerir as melhores práticas de liderança para situações específicas. Por exemplo, se a equipe estiver enfrentando uma crise, a IA pode sugerir uma abordagem de liderança mais diretiva. Por outro lado, em períodos de estabilidade, pode recomendar um estilo mais delegativo.

## 10.3    Liderança autocrática.

A liderança autocrática envolve uma centralização do poder e uma maior autoridade do líder nas decisões. Embora esse estilo seja muitas vezes associado a um ambiente de trabalho mais rígido, a IA pode ser utilizada para melhorar a eficácia de decisões rápidas e centralizadas.

- Decisões Baseadas em Dados: A IA pode processar grandes quantidades de dados rapidamente e fornecer informações relevantes para que o líder autocrático tome decisões assertivas. Isso reduz o tempo gasto na coleta de informações e permite decisões baseadas em evidências.

- Automatização de Processos: Ao automatizar tarefas rotineiras e processos operacionais, a IA libera o líder para se concentrar em decisões mais estratégicas. Isso é particularmente vantajoso em ambientes onde a eficiência operacional é uma prioridade e onde a tomada de decisões centralizada pode ser vantajosa.

## 10.4 Liderança democrática.

A liderança democrática envolve a participação dos colaboradores no processo de tomada de decisões, valorizando a colaboração e a inclusão. A IA pode ajudar a aumentar a eficácia desse estilo de liderança ao fornecer ferramentas de comunicação e análise de dados que facilitam a contribuição de todos.

- Análises Colaborativas Baseadas em IA: Ferramentas de IA podem coletar e sintetizar as opiniões e sugestões de membros da equipe, garantindo que todos tenham uma voz ativa no processo de tomada de decisões. Ao automatizar a coleta de feedback, a IA facilita a participação democrática, mesmo em equipes grandes.

- Previsão de Impactos: IA pode simular os resultados potenciais de várias opções de decisão baseadas nas entradas dos membros da equipe, permitindo que o líder democrático tome decisões colaborativas mais informadas e calcule os riscos com precisão.

## 10.5 Liderança laissez-faire.

Na liderança laissez-faire, o líder oferece pouca supervisão direta, permitindo que a equipe tenha mais autonomia.

Embora esse estilo tenha a desvantagem de falta de controle, a IA pode preencher essa lacuna ao monitorar o progresso e fornecer insights sem a necessidade de supervisão humana constante.

- Monitoramento Autônomo e Relatórios Automatizados: A IA pode monitorar o desempenho e os resultados da equipe de forma automática, fornecendo relatórios em tempo real ao líder. Isso permite que os líderes laissez-faire acompanhem o progresso e intervenham apenas quando necessário, sem interferir na autonomia dos colaboradores.

- Autogestão Facilitada: Em ambientes laissez-faire, a IA pode ser utilizada para fornecer ferramentas que ajudem os próprios membros da equipe a monitorar seu desempenho e ajustar suas atividades. Plataformas de IA baseadas em autoavaliação e feedbacks automatizados ajudam os colaboradores a se manterem focados e produtivos.

10.6    Liderança servidora.

A liderança servidora coloca o foco nos colaboradores, priorizando o bem-estar e o desenvolvimento de cada membro da equipe. A IA pode ser aplicada para melhorar a capacidade dos líderes de identificar e atender às necessidades dos colaboradores de forma mais eficaz.

- Identificação Personalizada de Necessidades: A IA pode analisar dados individuais e coletivos para identificar onde cada membro da equipe precisa de suporte, seja emocional, técnico ou de capacitação. Isso permite que os líderes ofereçam recursos, treinamentos e apoio direcionado.

- Análises de Bem-Estar e Engajamento: A IA pode monitorar o bem-estar dos colaboradores e fornecer alertas quando detectar sinais de desmotivação ou esgotamento. Assim, o líder pode agir de maneira proativa para oferecer suporte antes que a situação se agrave, demonstrando um cuidado contínuo com os membros da equipe.

## 10.7   Liderança carismática.

Líderes carismáticos tendem a inspirar e motivar suas equipes por meio de uma presença forte e uma comunicação envolvente. A IA pode amplificar o impacto de tais líderes ao fornecer ferramentas que aprimorem a comunicação e ajudem a transmitir mensagens motivadoras.

- Análises de Comunicação: Ferramentas de IA que analisam interações de equipe podem ajudar o líder carismático a entender melhor como suas mensagens estão sendo recebidas. A IA pode medir o impacto de discursos ou reuniões motivacionais, fornecendo insights sobre o engajamento e a receptividade dos colaboradores.

- Criação de Conteúdo Personalizado: A IA pode ajudar líderes carismáticos a desenvolver conteúdos e apresentações mais eficazes, utilizando dados de comportamento e preferências dos colaboradores para adaptar mensagens que ressoem melhor com a equipe.

## 10.8   Conclusão.

A IA oferece uma gama ampla de benefícios para diferentes abordagens de liderança de equipes.

Ao personalizar o desenvolvimento profissional, automatizar processos, facilitar a tomada de decisões e monitorar o engajamento, a IA permite que líderes operem com maior precisão e eficácia.

Mais importante, a IA pode transformar a forma como os líderes interagem com suas equipes, criando ambientes de trabalho mais inclusivos, eficientes e orientados para o bem-estar coletivo. A chave está na maneira como os líderes integram a tecnologia de forma ética e estratégica, sempre mantendo o foco nas necessidades humanas.

# 11  O Líder como Visionário Tecnológico.

Na era digital, os líderes não são mais apenas gestores operacionais; eles são visionários, responsáveis por guiar suas equipes em um cenário em rápida transformação tecnológica.

A integração da inteligência artificial (IA) nos negócios está redefinindo o papel da liderança, exigindo não apenas adaptação, mas uma capacidade proativa de antecipar e moldar o futuro.

Ser um líder visionário tecnológico significa criar uma cultura organizacional que promove a inovação, o aprendizado contínuo e a capacidade de adaptação às tecnologias emergentes.

Neste capítulo, exploraremos como os líderes podem se posicionar como visionários tecnológicos dentro de suas organizações. Discutiremos estratégias para preparar equipes para o futuro, garantindo que estejam continuamente aprendendo e se adaptando às novas tecnologias de IA.

Ao adotar uma mentalidade de crescimento e inovação, os líderes podem garantir que suas equipes não apenas acompanhem as mudanças tecnológicas, mas também as liderem.

## 11.1  O papel do líder visionário na era da IA.

Historicamente, os líderes eram responsáveis por manter operações eficientes e garantir o cumprimento de metas. No entanto, com o rápido avanço das tecnologias de IA, o papel do líder se expandiu para incluir a responsabilidade de preparar suas organizações para um futuro incerto e dinâmico.

Ser um visionário tecnológico significa antecipar tendências, identificar oportunidades para inovação e criar um ambiente em que a equipe esteja preparada para aprender, adaptar-se e prosperar.

Um exemplo claro dessa mudança pode ser observado em líderes como Elon Musk, da Tesla e SpaceX, que se destacam por prever e moldar o futuro de suas indústrias com o uso de tecnologias emergentes.

Musk não apenas adota novas tecnologias, mas também promove uma cultura de inovação contínua, incentivando suas equipes a explorar o desconhecido e a desafiar os limites do que é possível. Ele representa um modelo de líder visionário que está constantemente moldando o futuro com base na inovação tecnológica.

Esse tipo de liderança não está limitado às indústrias de alta tecnologia. Qualquer líder, em qualquer setor, pode adotar esse papel de visionário, promovendo o uso estratégico da IA para transformar operações e impulsionar a inovação.

11.2    Criando uma cultura de inovação: o alicerce para o futuro.

Para ser um líder visionário, a criação de uma cultura de inovação é fundamental. Isso significa construir um ambiente onde os membros da equipe se sintam encorajados a experimentar, correr riscos calculados e explorar novas tecnologias, como a IA, para encontrar soluções criativas para os desafios do dia a dia.

Uma estratégia eficaz é estabelecer o "pensamento experimental" como parte da cultura organizacional. Isso envolve promover ciclos rápidos de teste e aprendizado, onde os membros da equipe podem experimentar novas ideias, ferramentas e abordagens sem o medo de falhar.

O Google é conhecida por adotar essa abordagem através de sua cultura de "inovação 20%", que incentiva os colaboradores a dedicar 20% de seu tempo de trabalho a projetos de sua escolha, fora de suas responsabilidades principais.

Isso não apenas promove a inovação contínua, mas também inspira os funcionários a se engajarem em iniciativas que podem moldar o futuro da empresa.

Além disso, é importante que o líder garanta que sua equipe tenha acesso às ferramentas e aos recursos necessários para explorar novas tecnologias de IA.

Fornecer treinamentos regulares, criar oportunidades de aprendizado contínuo e investir em infraestrutura tecnológica são medidas essenciais para equipar as equipes com as habilidades necessárias para lidar com as mudanças tecnológicas.

11.3    Estruturas de aprendizado contínuo: capacitando equipes para o futuro.

A IA está mudando rapidamente o cenário do mercado de trabalho, e o que é considerado conhecimento técnico relevante hoje pode ser obsoleto amanhã.

Isso cria um desafio para os líderes, que devem garantir que suas equipes estejam sempre aprendendo e desenvolvendo novas habilidades. A chave para resolver esse desafio é criar estruturas de aprendizado contínuo.

Plataformas de aprendizado baseadas em IA, como o LinkedIn Learning e o Coursera for Business, estão ajudando líderes a implementar programas de treinamento adaptativos que se ajustam às necessidades individuais de cada colaborador.

Com essas ferramentas, os líderes podem monitorar o progresso da equipe em tempo real e garantir que os colaboradores estejam sempre atualizados em relação às últimas tendências e habilidades emergentes.

Além disso, a IA pode sugerir cursos e trilhas de aprendizado com base no histórico de carreira e nos objetivos de cada colaborador, tornando o processo de aprendizado mais personalizado e eficaz.

Um exemplo real dessa abordagem é o que foi implementado pela Unilever, que adotou um programa de aprendizado contínuo para seus colaboradores com foco em IA.

A empresa utiliza IA para identificar lacunas de habilidades e oferece planos de desenvolvimento personalizados para cada funcionário, assegurando que a equipe esteja sempre preparada para enfrentar as inovações do setor. Ao investir em aprendizado contínuo, a Unilever capacita sua força de trabalho para se adaptar e prosperar em um ambiente em constante mudança.

11.4    O líder visionário e a adoção de IA: estratégias de sucesso.

Ser um líder visionário requer mais do que apenas adotar novas tecnologias — é necessário fazer isso de maneira estratégica, garantindo que a implementação da IA impulsione resultados concretos.

Aqui estão algumas estratégias que líderes podem adotar para garantir que suas equipes aproveitem ao máximo a IA e se preparem para o futuro:

1    Defina uma Visão Clara e Inspiradora.

O primeiro passo para ser um líder visionário é definir uma visão de como a IA pode transformar sua organização.

Essa visão deve ser inspiradora e transmitir a importância da inovação tecnológica para o sucesso futuro da empresa.

Ao comunicar essa visão de forma clara, os líderes podem motivar suas equipes a se engajarem e abraçarem a mudança.

2   Promova a Mentalidade de Crescimento.

O conceito de "mentalidade de crescimento" — desenvolvido pela psicóloga Carol Dweck — é essencial para criar uma cultura de inovação.

Líderes devem promover a ideia de que habilidades podem ser desenvolvidas ao longo do tempo e que o aprendizado contínuo é parte integrante do sucesso.

Incentivar os colaboradores a verem os desafios tecnológicos como oportunidades de crescimento ajuda a preparar a equipe para lidar com as incertezas e mudanças tecnológicas.

3   Capacite Colaboradores com Ferramentas e Recursos.

Oferecer às equipes as ferramentas certas é essencial para que elas possam explorar e adotar a IA de maneira eficaz.

Isso inclui fornecer acesso a plataformas de IA, ferramentas de automação e programas de treinamento. Empresas como a Amazon utilizam IA em praticamente todas as áreas de suas operações, desde logística até atendimento ao cliente, capacitando suas equipes com as melhores ferramentas tecnológicas para atingir resultados excepcionais.

4   Monitore Tendências Tecnológicas e Inove Proativamente.

Um líder visionário está sempre atento às novas tendências tecnológicas e busca antecipar as mudanças antes que elas se tornem amplamente adotadas.

Ao monitorar tendências e investir em inovação de forma proativa, os líderes podem garantir que suas equipes estejam sempre à frente da concorrência.

Organizações como a Microsoft são conhecidas por investir pesado em pesquisa e desenvolvimento, garantindo que estão na vanguarda das inovações em IA e outras tecnologias emergentes.

## 5    Fomente Colaborações Multidisciplinares.

A inovação em IA frequentemente surge da interseção de diferentes disciplinas.

Líderes visionários podem promover colaborações entre departamentos de tecnologia, marketing, operações e RH para criar soluções inovadoras que impulsionem a empresa como um todo.

Essas colaborações ajudam a integrar diferentes perspectivas e promover soluções mais criativas e eficazes.

## 11.5    O desafio da inovação com IA: superando obstáculos.

Embora a IA ofereça oportunidades incríveis, também apresenta desafios significativos. A transição para o uso de tecnologias avançadas pode ser difícil, especialmente para equipes que estão acostumadas a processos mais tradicionais.

Além disso, a implementação de IA muitas vezes exige a superação de barreiras culturais, como o medo de que as máquinas substituam os humanos ou a resistência à mudança.

Para superar esses desafios, os líderes devem adotar uma abordagem inclusiva, envolvendo os colaboradores desde o início no processo de implementação de IA e garantindo que eles entendam como essa tecnologia pode beneficiar tanto a empresa quanto suas próprias funções.

Programas de capacitação e sensibilização sobre IA podem ajudar a reduzir o medo e a resistência, ao mesmo tempo em que aumentam o entusiasmo por explorar novas tecnologias.

Outro desafio comum é o custo inicial de implementação de IA, que pode ser elevado. No entanto, líderes visionários reconhecem que o investimento em IA traz retornos de longo prazo, tanto em termos de eficiência quanto em inovação.

Ao articular claramente o valor da IA para as partes interessadas e mostrar os resultados mensuráveis obtidos por outras empresas, os líderes podem obter o apoio necessário para investimentos em inovação tecnológica.

## 11.6 Dicas práticas para líderes visionários em IA.

1. Crie um plano de ação tecnológico. Elabore um plano estratégico que delineie as principais áreas em que a IA será implementada em sua organização e defina prazos realistas para sua adoção.

2. Incentive a curiosidade. Promova um ambiente onde os colaboradores possam explorar novas tecnologias de IA por conta própria, incentivando a curiosidade e o aprendizado autodirigido.

3. Recompense a inovação. Desenvolva sistemas de reconhecimento e recompensa para colaboradores que sugerirem ou implementarem soluções inovadoras usando IA.

4. Fique atento às mudanças no mercado. Monitore o cenário tecnológico de IA para identificar inovações emergentes que possam beneficiar a sua organização antes que seus concorrentes adotem essas tecnologias.

## 11.7    O futuro da liderança com IA.

À medida que a IA continua a remodelar o ambiente de negócios, os líderes visionários são aqueles que abraçam a inovação tecnológica e promovem uma cultura de aprendizado contínuo e adaptação.

Ser um líder visionário tecnológico é mais do que apenas adotar novas ferramentas; é guiar a equipe para o futuro com uma visão clara, estratégias eficazes e uma mentalidade que valorize o crescimento e a inovação.

Ao posicionar suas equipes para o sucesso com IA, os líderes criarão uma base sólida para enfrentar os desafios e colher as oportunidades de um futuro moldado pela tecnologia.

# 12 Transformando resultados: casos de sucesso de liderança com IA.

Ao longo deste livro, exploramos como a inteligência artificial (IA) está remodelando a liderança e oferecendo novas formas de aumentar a produtividade, o engajamento e a inovação nas organizações.

No entanto, para realmente compreender o impacto transformador da IA, nada é mais convincente do que exemplos concretos de sucesso.

Esses exemplos ilustram a diversidade de aplicações de IA e como sua adoção estratégica pode transformar tanto as operações quanto a cultura organizacional.

Através dessas histórias de sucesso, os leitores podem encontrar inspiração para aplicar as mesmas abordagens em suas próprias equipes e organizações.

## 12.1 Casos de sucesso.

### 12.1.1 Caso 1: Amazon e a Automação Logística.

A Amazon é amplamente reconhecida como uma das empresas mais inovadoras no uso de IA para transformar suas operações, particularmente na área logística. A empresa adotou uma abordagem altamente automatizada em seus centros de distribuição, utilizando robôs inteligentes para realizar tarefas como o transporte de mercadorias e a organização de estoques.

A adoção da IA pela Amazon permitiu a otimização do tempo de entrega, resultando na aceleração do processamento de pedidos e na minimização de erros. Robôs como os da Kiva Systems (uma empresa adquirida pela Amazon) automatizam a movimentação de mercadorias dentro dos armazéns, melhorando significativamente a eficiência.

Essa automação liberou os funcionários para se concentrarem em tarefas mais complexas, como o gerenciamento de exceções e o atendimento ao cliente.

A empresa também utiliza IA para prever a demanda e ajustar o estoque em tempo real, garantindo que os produtos estejam disponíveis no momento certo e no local certo. Isso resultou em uma capacidade logística incomparável, que transformou a Amazon em líder mundial em comércio eletrônico.

12.1.2  Caso 2: Netflix e Personalização Baseada em IA.

O sucesso da Netflix em fornecer recomendações personalizadas a seus milhões de usuários é um exemplo exemplar de como a IA pode ser usada para transformar a experiência do cliente.

A Netflix utiliza algoritmos de IA para analisar os hábitos de visualização de cada usuário, identificando padrões e sugerindo filmes e séries que provavelmente irão agradar.

Esse nível de personalização é possível graças ao uso de algoritmos de aprendizado de máquina que analisam o comportamento em tempo real e ajustam as recomendações com base no que outros usuários com preferências semelhantes estão assistindo.

A empresa também usa IA para prever quais novos conteúdos serão bem recebidos pelo público, influenciando suas decisões sobre quais produções financiar.

O impacto dessa personalização é claro: a Netflix mantém um nível extremamente elevado de retenção de usuários e continua a crescer globalmente.

Este caso demonstra como líderes podem usar IA para entender melhor as necessidades dos clientes e fornecer uma experiência altamente personalizada, resultando em maior engajamento e satisfação.

### 12.1.3  Caso 3: Siemens e a transformação da manufatura.

A Siemens é uma líder global no uso de IA para melhorar suas operações industriais e de manufatura. A empresa implementou IA para otimizar seus processos de fabricação, introduzindo o conceito de "fábricas inteligentes".

A IA é usada para monitorar o desempenho de máquinas em tempo real, prever falhas antes que ocorram e ajustar automaticamente a produção para otimizar a eficiência.

Ao usar a IA para analisar grandes volumes de dados gerados pelas máquinas, a Siemens pode tomar decisões mais rápidas e precisas, evitando interrupções dispendiosas e garantindo que a produção ocorra da maneira mais eficiente possível. Isso resultou em economias significativas e um aumento da qualidade dos produtos, além de melhorar a segurança no ambiente de trabalho.

Além disso, a Siemens utiliza IA em suas cadeias de suprimentos, otimizando a logística e garantindo que os materiais certos estejam disponíveis quando e onde forem necessários. Ao integrar IA em todas as áreas de suas operações, a Siemens conseguiu transformar sua produção e se posicionar como líder no setor de manufatura inteligente.

### 12.1.4  Caso 4: Starbucks e o Engajamento do Cliente com IA.

A Starbucks utiliza IA para personalizar o relacionamento com seus clientes, principalmente através de seu programa de fidelidade e do aplicativo móvel.

A empresa utiliza dados coletados por meio de suas interações com os clientes — desde as preferências de bebidas até a frequência das visitas — para oferecer recomendações e promoções altamente personalizadas.

A IA da Starbucks analisa os hábitos de consumo de cada cliente e sugere ofertas que correspondam às suas preferências. Por exemplo, se um cliente frequentemente pede um latte pela manhã, o aplicativo pode sugerir uma promoção exclusiva em uma bebida complementar para a tarde.

Além disso, a empresa utiliza IA para otimizar sua cadeia de suprimentos e prever a demanda em suas lojas, garantindo que nunca faltem ingredientes essenciais.

Essa abordagem não apenas melhora a experiência do cliente, mas também aumenta a receita da empresa ao incentivar compras repetidas e maior lealdade à marca.

O uso da IA na Starbucks demonstra como a personalização pode ser aplicada em setores como o varejo para maximizar o engajamento e a satisfação do cliente.

12.1.5 Caso 5: IBM Watson e o diagnóstico médico.

A IBM Watson é um dos exemplos mais notáveis de como a IA pode transformar setores altamente complexos, como a saúde. O Watson utiliza IA para analisar grandes volumes de dados médicos, incluindo pesquisas científicas, históricos de pacientes e diagnósticos médicos, paraauxiliar médicos na tomada de decisões clínicas.

Um dos casos mais marcantes de sucesso foi o uso do Watson em hospitais para diagnosticar casos de câncer.

Ao analisar dados de múltiplas fontes, o Watson é capaz de fornecer recomendações de tratamento baseadas em evidências, ajudando médicos a identificarem as melhores opções para seus pacientes. Isso resultou em diagnósticos mais rápidos e precisos, permitindo que os profissionais de saúde ofereçam tratamentos personalizados e eficazes.

A capacidade do Watson de processar informações muito além da capacidade humana em um curto período de tempo tem revolucionado o atendimento médico, oferecendo insights valiosos que ajudam a salvar vidas e melhorar os resultados clínicos.

12.1.6 Caso 6: Ford e a transformação do setor automotivo com IA.

A Ford é uma das montadoras que mais investiu em IA para transformar a maneira como desenvolve e produz veículos. A empresa utiliza IA para otimizar seus processos de fabricação, automatizando tarefas repetitivas e previsíveis, como o controle de qualidade e a montagem de veículos.

Além disso, a Ford está na vanguarda do desenvolvimento de carros autônomos, utilizando IA para melhorar a capacidade dos veículos de navegar de forma autônoma em diferentes condições de trânsito. Isso inclui o uso de redes neurais profundas para interpretar dados de sensores, como câmeras e radares, permitindo que os veículos detectem e respondam a pedestres, outros veículos e obstáculos.

Com essa estratégia, a Ford não só está modernizando sua linha de produção, mas também se posicionando como líder na corrida pelo desenvolvimento de veículos autônomos, uma das maiores inovações do setor automotivo.

## 12.2 Aplicações práticas para líderes e organizações.

Esses casos de sucesso demonstram como a IA pode ser aplicada em diferentes setores e áreas de operação, desde a personalização da experiência do cliente até a transformação da manufatura e da saúde. Para os líderes que desejam implementar IA em suas organizações, há algumas lições importantes a serem retiradas desses exemplos:

1    Iniciar com Objetivos Claros.

Todas as empresas mencionadas tinham uma visão clara de como a IA poderia resolver problemas específicos ou melhorar processos.

Definir metas precisas e tangíveis é o primeiro passo para uma implementação bem-sucedida de IA.

2    Investir em Inovação Contínua.

Empresas como a Amazon e a Siemens demonstram a importância de investir continuamente em inovação tecnológica para se manter à frente da concorrência.

Os líderes devem promover uma cultura de inovação e aprendizado contínuo para maximizar os benefícios da IA.

3    Personalização e Experiência do Cliente.

A personalização, como visto nos casos da Netflix e Starbucks, é uma área em que a IA pode criar um impacto significativo.

Líderes devem explorar como a IA pode ser utilizada para entender melhor os clientes e oferecer experiências mais personalizadas.

4    Preparar a Equipe para a Mudança.

A implementação de IA muitas vezes exige uma mudança cultural significativa dentro da organização.

Líderes devem preparar suas equipes para trabalhar com essas novas tecnologias, investindo em treinamento e promovendo uma mentalidade de adaptação e crescimento.

## 12.3   Conclusão.

Esses exemplos de sucesso mostram que a implementação estratégica de IA pode transformar não apenas os processos operacionais, mas também os resultados globais de uma organização.

O que esses líderes e empresas têm em comum é a visão de longo prazo e a capacidade de utilizar a IA como um catalisador para a inovação e o crescimento sustentável.

À medida que os líderes consideram a adoção de IA em suas próprias organizações, eles podem olhar para esses casos de sucesso como inspiração para suas jornadas.

A IA, quando implementada com clareza e propósito, tem o potencial de redefinir a maneira como operamos e inovamos no futuro.

# 13 Futuro da liderança com IA: o próximo passo.

À medida que chegamos ao final deste livro, é natural refletirmos sobre o que vem a seguir no campo da liderança com IA.

Se a última década foi marcada pela introdução da inteligência artificial (IA) no ambiente de trabalho, o futuro promete um aprofundamento dessa integração, com tecnologias emergentes que transformarão ainda mais a maneira como líderes gerenciam suas equipes, tomam decisões e impulsionam suas organizações rumo à inovação.

## 13.1    A Nova geração de IA: tecnologias emergentes.

Embora a IA já tenha alcançado um nível significativo de sofisticação, as inovações que estão em desenvolvimento prometem levar essa tecnologia a novos patamares.

Alguns dos avanços mais aguardados envolvem a combinação de IA com outras tecnologias de ponta, como computação quântica, interfaces cérebro-máquina e sistemas autônomos.

## 1    Computação quântica e IA.

A computação quântica está prestes a revolucionar a IA permitindo que algoritmos sejam processados de forma muito mais rápida e eficiente do que em computadores convencionais.

Isso abrirá novas possibilidades para resolver problemas extremamente complexos que hoje ainda são inatingíveis, como a simulação de ecossistemas inteiros em tempo real ou a previsão precisa de comportamentos humanos em grandes populações.

Líderes que compreenderem o impacto da computação quântica e se prepararem para sua aplicação em IA estarão à frente de uma revolução tecnológica.

## 2    Interfaces cérebro-máquina (BCI).

Um dos avanços mais disruptivos no horizonte é o desenvolvimento de interfaces cérebro-máquina, que permitirão uma interação direta entre o cérebro humano e sistemas de IA.

Empresas como Neuralink, fundada por Elon Musk, estão na vanguarda dessa pesquisa, buscando formas de criar uma comunicação sem intermediários entre humanos e máquinas.

Essa tecnologia pode transformar a forma como líderes e colaboradores interagem com as ferramentas digitais, criando uma relação simbiótica com a IA, onde o pensamento humano e a execução automatizada se tornam praticamente inseparáveis.

3    IA autônoma e robôs inteligentes.

Se hoje já vemos automação avançada em áreas como logística e manufatura, o futuro trará sistemas ainda mais autônomos e inteligentes.

Robôs capazes de executar tarefas complexas sem supervisão humana estão em desenvolvimento, o que criará um novo paradigma para a liderança. Líderes não estarão mais apenas gerenciando pessoas, mas também uma força de trabalho composta por máquinas inteligentes.

A habilidade de coordenar esses sistemas, garantir que eles operem em alinhamento com os objetivos organizacionais e integrar humanos e máquinas em um ecossistema colaborativo será crucial.

13.2    Novos desafios éticos e de governança.

A aceleração da adoção de IA também trará consigo novos desafios éticos.

À medida que as tecnologias se tornam mais poderosas e integradas à vida cotidiana, a maneira como os líderes abordam questões de privacidade, transparência e o impacto no emprego humano se tornará cada vez mais importante.

1    Viés Algorítmico.

Um dos desafios mais persistentes da IA é o viés algorítmico, que ocorre quando os sistemas de IA reproduzem ou amplificam preconceitos existentes na sociedade.

Embora muitos esforços tenham sido feitos para mitigar esse problema, ele permanecerá como um dos principais obstáculos à confiança em IA no futuro.

Líderes precisarão estar cientes desses vieses e trabalhar ativamente para garantir que seus sistemas de IA sejam justos, transparentes e livres de preconceitos.

2    Impacto no Emprego.

À medida que a IA se torna mais sofisticada, muitos temem que ela substitua empregos em larga escala, especialmente em funções administrativas e operacionais. Embora novas funções baseadas em IA certamente surjam, o impacto disruptivo no mercado de trabalho exigirá uma liderança sensível e proativa.

Líderes deverão não apenas implementar a IA de forma responsável, mas também garantir que suas equipes estejam preparadas para a requalificação e adaptação a esse novo cenário de trabalho.

3    3. Governança da IA.

Com o uso crescente de IA, as questões de governança corporativa serão cada vez mais complexas.

As empresas precisarão de estruturas de governança robustas para monitorar o uso ético da IA garantir a privacidade dos dados e minimizar os riscos associados à automação avançada.

O papel dos líderes será o de criar essas estruturas, assegurando que a implementação da IA esteja alinhada com os valores e princípios éticos da organização.

## 13.3    Preparando os líderes do futuro. competências essenciais.

À medida que a IA continua a transformar o mundo dos negócios, os líderes precisarão desenvolver novas habilidades e competências para se manterem relevantes.

A liderança no futuro exigirá uma combinação única de conhecimento técnico, habilidades interpessoais e uma profunda compreensão das implicações éticas e sociais da IA.

### 1    Alfabetização Digital e Fluência em IA.

Ser alfabetizado digitalmente será uma exigência básica para os líderes do futuro. Eles precisarão entender como a IA funciona, suas limitações e como pode ser aplicada para resolver problemas empresariais.

Embora não seja necessário que todos os líderes se tornem programadores, eles devem ter uma fluência suficiente em IA para tomar decisões estratégicas informadas e colaborar efetivamente com especialistas técnicos.

### 2    Pensamento Estratégico em Tempo Real.

A IA permitirá que líderes tenham acesso a uma quantidade sem precedentes de dados em tempo real.

Isso exigirá uma nova abordagem para o pensamento estratégico, onde os líderes deverão ser capazes de tomar decisões rápidas com base em insights instantâneos.

A agilidade será uma competência fundamental, e os líderes que dominarem a capacidade de interpretar e agir sobre dados em tempo real estarão à frente de seus concorrentes.

### 3    Habilidades Interpessoais e Inteligência Emocional.

Embora a IA possa automatizar muitas funções, a inteligência emocional e as habilidades interpessoais continuarão sendo essenciais para os líderes.

A capacidade de inspirar, engajar e motivar equipes humanas permanecerá uma das características mais importantes de um líder, especialmente em um ambiente de trabalho onde a colaboração entre humanos e máquinas será a norma.

4    Visão Ética e Responsabilidade Social.

À medida que a IA se torna mais poderosa, os líderes terão uma responsabilidade maior de garantir que sua implementação esteja alinhada com os valores éticos e sociais da empresa.

Eles precisarão equilibrar o desejo por eficiência e inovação com as considerações sobre o impacto humano e social das tecnologias que estão promovendo.

13.4    Liderando em um mundo transformado pela IA.

O futuro da liderança com IA será definido pela capacidade dos líderes de se adaptar e abraçar a mudança contínua. A inteligência artificial não é apenas uma ferramenta; é uma força que está moldando a maneira como vivemos e trabalhamos.

Os líderes que forem visionários e capazes de guiar suas equipes através desse futuro incerto, aproveitando as oportunidades criadas pela IA e enfrentando os desafios éticos e sociais, serão os que se destacarão e liderarão com sucesso suas organizações.

A IA continuará a moldar a liderança, trazendo novas demandas, oportunidades e desafios. Para os líderes, o próximo passo é se preparar para um mundo em constante evolução, onde a inovação tecnológica está no centro de todas as transformações.

À medida que avançamos nesse caminho, os líderes que investirem em aprendizado contínuo, visão estratégica e empatia humana estarão prontos para enfrentar as complexidades do futuro e, ao mesmo tempo, inspirar suas equipes a alcançar novos patamares.

## 14  Conclusão.

Ao longo deste livro, exploramos como a inteligência artificial (IA) está redefinindo a liderança em todos os níveis organizacionais. Desde a automação de tarefas até a criação de uma cultura de inovação e a personalização de feedbacks, a IA demonstrou ser uma ferramenta poderosa e transformadora.

Os líderes de hoje, e mais ainda os de amanhã, devem não apenas entender os fundamentos dessas tecnologias, mas incorporá-las de maneira estratégica, com foco em resultados sustentáveis e no desenvolvimento humano.

A transformação da liderança com IA não se trata apenas de otimizar processos ou aumentar a produtividade. Ela está profundamente ligada à capacidade de um líder em alavancar dados e insights em tempo real, tomar decisões mais informadas e impulsionar a inovação dentro de suas equipes.

Este livro apresentou, de maneira detalhada, como essas mudanças impactam a tomada de decisões, a gestão de equipes, o desenvolvimento da inteligência emocional e a automação de processos, sempre colocando o ser humano no centro da equação.

Além disso, discutimos os desafios éticos que surgem com o uso crescente da IA. A implementação consciente e responsável de tecnologias, com atenção à transparência e à justiça, é um dos pilares centrais da liderança moderna.

O líder do futuro não pode ignorar os dilemas éticos que vêm com a adoção dessas ferramentas. Pelo contrário, deve ser um guia para garantir que a tecnologia seja usada para promover o bem comum.

Este livro fornece a base para líderes que desejam estar à frente dessa transformação. No entanto, é importante lembrar que essa jornada está apenas começando.

A IA é uma ferramenta em constante evolução, e o sucesso a longo prazo depende da capacidade de adaptação contínua e de aprendizado constante.

Entretanto, este é apenas o início de uma jornada essencial no campo da inteligência artificial. Este volume é parte de uma coleção maior, "Inteligência Artificial: O Poder dos Dados", que explora, em profundidade, diferentes aspectos da IA e da ciência de dados.

Os demais volumes abordam temas igualmente cruciais, como a integração de sistemas de IA, a análise preditiva e o uso de algoritmos avançados para tomada de decisões.

Ao adquirir e ler os demais livros da coleção, você terá uma visão holística e profunda que permitirá não só otimizar a governança de dados, mas também potencializar o impacto da inteligência artificial nas suas operações.

Cada volume acrescenta um novo nível de compreensão, ajudando você a se preparar para os desafios e oportunidades do futuro tecnológico. A coleção não só oferece as ferramentas necessárias para se destacar, mas também lhe dará as bases para liderar com visão, ética e inovação na era da IA.

## 15  Referências bibliográficas.

BAKER, George; HAMMOND, Mark. *AI for Business. A Roadmap for Success*. New York. Business Insights Press, 2019.
KAPLAN, Andreas; HAENLEIN, Michael. *Artificial Intelligence, Automation, and the Economy*. Cambridge. MIT Press, 2020.

BOSTROM, Nick. Superintelligence. Paths, Dangers, Strategies. Oxford. Oxford University Press, 2014.

BRYNJOLFSSON, Erik; MCAFEE, Andrew. The Second Machine Age. Work, Progress, and Prosperity in a Time of Brilliant Technologies. New York. W. W. Norton & Company, 2014.

COHN, Mike; SUTHERLAND, Jeff. Agile Estimating and Planning. Upper Saddle River. Pearson Education, 2006.

DWECK, Carol S. Mindset. The New Psychology of Success. New York. Ballantine Books, 2006.

GOLEMAN, Daniel. Emotional Intelligence. Why It Can Matter More Than IQ. New York. Bantam Books, 1995.

GOODFELLOW, Ian; BENGIO, Yoshua; COURVILLE, Aaron. Deep Learning. Cambridge. MIT Press, 2016.

HAWKINS, David R. Power vs. Force. The Hidden Determinants of Human Behavior. 2nd ed. Carlsbad. Hay House, 2012.

HAWKINS, David R. The Eye of the I. From Which Nothing is Hidden. Sedona. Veritas Publishing, 2001.

HAWKINS, David R. Transcending the Levels of Consciousness. The Stairway to Enlightenment. Carlsbad. Hay House, 2006.

HINDS, Pamela; MEHRABI, Mehdi. Humans, Machines, and Work. The Future is Now. Cambridge. MIT Press, 2021.

KAPLAN, Andreas; HAENLEIN, Michael. Artificial Intelligence, Automation, and the Economy. Cambridge. MIT Press, 2020.

MAYER-SCHÖNBERGER, Viktor; CUKIER, Kenneth. *Big Data. A Revolution That Will Transform How We Live, Work, and Think*. New York. Houghton Mifflin Harcourt, 2013.

MUSK, Elon. The Future is Here. AI, Innovation and What's Next. Palo Alto. Visionary Publications, 2020.

PINK, Daniel H. Drive. The Surprising Truth About What Motivates Us. New York. Riverhead Books, 2009.

RUSSELL, Stuart; NORVIG, Peter. Artificial Intelligence. A Modern Approach. 3rd ed. Upper Saddle River. Pearson, 2010.

WALPORT, Mark. Artificial Intelligence in the Real World. The Business Case for AI. Cambridge. Cambridge University Press, 2018.

WESTERMAN, George; BONNET, Didier; MCAFEE, Andrew. Leading Digital. Turning Technology into Business Transformation. Boston. Harvard Business Review Press, 2014.

WOMACK, James P.; JONES, Daniel T. Lean Thinking. Banish Waste and Create Wealth in our Corporation. New York. Free Press, 2003.

ZUBOFF, Shoshana. The Age of Surveillance Capitalism. The Fight for a Human Future at the New Frontier of Power. New York. PublicAffairs, 2019.

# 16 Descubra a Coleção Completa "Inteligência Artificial e o Poder dos Dados" – Um Convite para Transformar sua Carreira e Conhecimento.

A Coleção "Inteligência Artificial e o Poder dos Dados" foi criada para quem deseja não apenas entender a Inteligência Artificial (IA), mas também aplicá-la de forma estratégica e prática.

Em uma série de volumes cuidadosamente elaborados, desvendo conceitos complexos de maneira clara e acessível, garantindo ao leitor uma compreensão completa da IA e de seu impacto nas sociedades modernas.

Não importa seu nível de familiaridade com o tema: esta coleção transforma o difícil em didático, o teórico em aplicável e o técnico em algo poderoso para sua carreira.

## 16.1 Por Que Comprar Esta Coleção?

Estamos vivendo uma revolução tecnológica sem precedentes, onde a IA é a força motriz em áreas como medicina, finanças, educação, governo e entretenimento.

A coleção "Inteligência Artificial e o Poder dos Dados" mergulha profundamente em todos esses setores, com exemplos práticos e reflexões que vão muito além dos conceitos tradicionais.

Você encontrará tanto o conhecimento técnico quanto as implicações éticas e sociais da IA incentivando você a ver essa tecnologia não apenas como uma ferramenta, mas como um verdadeiro agente de transformação.

Cada volume é uma peça fundamental deste quebra-cabeça inovador: do aprendizado de máquina à governança de dados e da ética à aplicação prática.

Com a orientação de um autor experiente, que combina pesquisa acadêmica com anos de atuação prática, esta coleção é mais do que um conjunto de livros – é um guia indispensável para quem quer navegar e se destacar nesse campo em expansão.

16.2    Público-Alvo desta Coleção?

Esta coleção é para todos que desejam ter um papel de destaque na era da IA:

✓ Profissionais da Tecnologia: recebem insights técnicos profundos para expandir suas habilidades.

✓ Estudantes e Curiosos: têm acesso a explicações claras que facilitam o entendimento do complexo universo da IA.

✓ Gestores, líderes empresariais e formuladores de políticas também se beneficiarão da visão estratégica sobre a IA, essencial para a tomada de decisões bem-informadas.

✓ Profissionais em Transição de Carreira: Profissionais em transição de carreira ou interessados em se especializar em IA encontram aqui um material completo para construir sua trajetória de aprendizado.

16.3    Muito Mais do Que Técnica – Uma Transformação Completa.

Esta coleção não é apenas uma série de livros técnicos; é uma ferramenta de crescimento intelectual e profissional.

Com ela, você vai muito além da teoria: cada volume convida a uma reflexão profunda sobre o futuro da humanidade em um mundo onde máquinas e algoritmos estão cada vez mais presentes.

Este é o seu convite para dominar o conhecimento que vai definir o futuro e se tornar parte da transformação que a Inteligência Artificial traz ao mundo.

Seja um líder em seu setor, domine as habilidades que o mercado exige e prepare-se para o futuro com a coleção "Inteligência Artificial e o Poder dos Dados".

Esta não é apenas uma compra; é um investimento decisivo na sua jornada de aprendizado e desenvolvimento profissional.

Prof. Marcão - Marcus Vinícius Pinto

Mestre em Tecnologia da Informação.
Especialista em Inteligência Artificial, Governança de Dados e Arquitetura de Informação.

# 17 Os Livros da Coleção.

## 17.1 Dados, Informação e Conhecimento na era da Inteligência Artificial.

Este livro explora de forma essencial as bases teóricas e práticas da Inteligência Artificial, desde a coleta de dados até sua transformação em inteligência. Ele foca, principalmente, no aprendizado de máquina, no treinamento de IA e nas redes neurais.

## 17.2 Dos Dados em Ouro: Como Transformar Informação em Sabedoria na Era da IA.

Este livro oferece uma análise crítica sobre a evolução da Inteligência Artificial, desde os dados brutos até a criação de sabedoria artificial, integrando redes neurais, aprendizado profundo e modelagem de conhecimento.

Apresenta exemplos práticos em saúde, finanças e educação, e aborda desafios éticos e técnicos.

## 17.3 Desafios e Limitações dos Dados na IA.

O livro oferece uma análise profunda sobre o papel dos dados no desenvolvimento da IA explorando temas como qualidade, viés, privacidade, segurança e escalabilidade com estudos de caso práticos em saúde, finanças e segurança pública.

## 17.4 Dados Históricos em Bases de Dados para IA: Estruturas, Preservação e Expurgo.

Este livro investiga como a gestão de dados históricos é essencial para o sucesso de projetos de IA. Aborda a relevância das normas ISO para garantir qualidade e segurança, além de analisar tendências e inovações no tratamento de dados.

## 17.5 Vocabulário Controlado para Dicionário de Dados: Um Guia Completo.

Este guia completo explora as vantagens e desafios da implementação de vocabulários controlados no contexto da IA e da ciência da informação. Com uma abordagem detalhada, aborda desde a nomeação de elementos de dados até as interações entre semântica e cognição.

## 17.6 Curadoria e Administração de Dados para a Era da IA.

Esta obra apresenta estratégias avançadas para transformar dados brutos em insights valiosos, com foco na curadoria meticulosa e administração eficiente dos dados. Além de soluções técnicas, aborda questões éticas e legais, capacitando o leitor a enfrentar os desafios complexos da informação.

## 17.7 Arquitetura de Informação.

A obra aborda a gestão de dados na era digital, combinando teoria e prática para criar sistemas de IA eficientes e escaláveis, com insights sobre modelagem e desafios éticos e legais.

## 17.8 Fundamentos: O Essencial para Dominar a Inteligência Artificial.

Uma obra essencial para quem deseja dominar os conceitos-chave da IA, com uma abordagem acessível e exemplos práticos. O livro explora inovações como Machine Learning e Processamento de Linguagem Natural, além dos desafios éticos e legais e oferece uma visão clara do impacto da IA em diversos setores.

## 17.9 LLMS - Modelos de Linguagem de Grande Escala.

Este guia essencial ajuda a compreender a revolução dos Modelos de Linguagem de Grande Escala (LLMs) na IA.

O livro explora a evolução dos GPTs e as últimas inovações em interação humano-computador, oferecendo insights práticos sobre seu impacto em setores como saúde, educação e finanças.

17.10   Machine Learning: Fundamentos e Avanços.

Este livro oferece uma visão abrangente sobre algoritmos supervisionados e não supervisionados, redes neurais profundas e aprendizado federado. Além de abordar questões de ética e explicabilidade dos modelos.

17.11   Por Dentro das Mentes Sintéticas.

Este livro revela como essas 'mentes sintéticas' estão redefinindo a criatividade, o trabalho e as interações humanas. Esta obra apresenta uma análise detalhada dos desafios e oportunidades proporcionados por essas tecnologias, explorando seu impacto profundo na sociedade.

17.12   A Questão dos Direitos Autorais.

Este livro convida o leitor a explorar o futuro da criatividade em um mundo onde a colaboração entre humanos e máquinas é uma realidade, abordando questões sobre autoria, originalidade e propriedade intelectual na era das IAs generativas.

17.13   1121 Perguntas e Respostas: Do Básico ao Complexo– Parte 1 A 4.

Organizadas em quatro volumes, estas perguntas servem como guias práticos essenciais para dominar os principais conceitos da IA.

A Parte 1 aborda informação, dados, geoprocessamento, a evolução da inteligência artificial, seus marcos históricos e conceitos básicos.

A Parte 2 aprofunda-se em conceitos complexos como aprendizado de máquina, processamento de linguagem natural, visão computacional, robótica e algoritmos de decisão.

A Parte 3 aborda questões como privacidade de dados, automação do trabalho e o impacto de modelos de linguagem de grande escala (LLMs).

Parte 4 explora o papel central dos dados na era da inteligência artificial, aprofundando os fundamentos da IA e suas aplicações em áreas como saúde mental, governo e combate à corrupção.

17.14   O Glossário Definitivo da Inteligência Artificial.

Este glossário apresenta mais de mil conceitos de inteligência artificial explicados de forma clara, abordando temas como Machine Learning, Processamento de Linguagem Natural, Visão Computacional e Ética em IA.

- A parte 1 contempla conceitos iniciados pelas letras de A a D.
- A parte 2 contempla conceitos iniciados pelas letras de E a M.
- A parte 3 contempla conceitos iniciados pelas letras de N a Z.

17.15   Engenharia de Prompt - Volumes 1 a 6.

Esta coleção abrange todos os fundamentos da engenharia de prompt, proporcionando uma base completa para o desenvolvimento profissional.

Com uma rica variedade de prompts para áreas como liderança, marketing digital e tecnologia da informação, oferece exemplos práticos para melhorar a clareza, a tomada de decisões e obter insights valiosos.

Os volumes abordam os seguintes assuntos:

- Volume 1: Fundamentos. Conceitos Estruturadores e História da Engenharia de Prompt.
- Volume 2: Segurança e Privacidade em IA.

- Volume 3: Modelos de Linguagem, Tokenização e Métodos de Treinamento.
- Volume 4: Como Fazer Perguntas Corretas.
- Volume 5: Estudos de Casos e Erros.
- Volume 6: Os Melhores Prompts.

17.16 Guia para ser um Engenheiro De Prompt – Volumes 1 e 2.

A coleção explora os fundamentos avançados e as habilidades necessárias para ser um engenheiro de prompt bem-sucedido, destacando os benefícios, riscos e o papel crítico que essa função desempenha no desenvolvimento da inteligência artificial.

O Volume 1 aborda a elaboração de prompts eficazes, enquanto o Volume 2 é um guia para compreender e aplicar os fundamentos da Engenharia de Prompt.

17.17 Governança de Dados com IA – Volumes 1 a 3.

Descubra como implementar uma governança de dados eficaz com esta coleção abrangente. Oferecendo orientações práticas, esta coleção abrange desde a arquitetura e organização de dados até a proteção e garantia de qualidade, proporcionando uma visão completa para transformar dados em ativos estratégicos.

O volume 1 aborda as práticas e regulações. O volume 2 explora em profundidade os processos, técnicas e melhores práticas para realizar auditorias eficazes em modelos de dados. O volume 3 é seu guia definitivo para implantação da governança de dados com IA.

17.18 Governança de Algoritmos.

Este livro analisa o impacto dos algoritmos na sociedade, explorando seus fundamentos e abordando questões éticas e regulatórias. Aborda transparência, accountability e vieses, com soluções práticas para auditar e monitorar algoritmos em setores como finanças, saúde e educação.

17.19 De Profissional de Ti para Expert em IA: O Guia Definitivo para uma Transição de Carreira Bem-Sucedida.

Para profissionais de Tecnologia da Informação, a transição para a IA representa uma oportunidade única de aprimorar habilidades e contribuir para o desenvolvimento de soluções inovadoras que moldam o futuro.

Neste livro, investigamos os motivos para fazer essa transição, as habilidades essenciais, a melhor trilha de aprendizado e as perspectivas para o futuro do mercado de trabalho em TI.

17.20 Liderança Inteligente com IA: Transforme sua Equipe e Impulsione Resultados.

Este livro revela como a inteligência artificial pode revolucionar a gestão de equipes e maximizar o desempenho organizacional.

Combinando técnicas de liderança tradicionais com insights proporcionados pela IA, como a liderança baseada em análise preditiva, você aprenderá a otimizar processos, tomar decisões mais estratégicas e criar equipes mais eficientes e engajadas.

17.21 Impactos e Transformações: Coleção Completa.

Esta coleção oferece uma análise abrangente e multifacetada das transformações provocadas pela Inteligência Artificial na sociedade contemporânea.

- Volume 1: Desafios e Soluções na Detecção de Textos Gerados por Inteligência Artificial.
- Volume 2: A Era das Bolhas de Filtro. Inteligência Artificial e a Ilusão de Liberdade.
- Volume 3: Criação de Conteúdo com IA - Como Fazer?
- Volume 4: A Singularidade Está Mais Próxima do que Você Imagina.

- Volume 5: Burrice Humana versus Inteligência Artificial.
- Volume 6: A Era da Burrice! Um Culto à Estupidez?
- Volume 7: Autonomia em Movimento: A Revolução dos Veículos Inteligentes.
- Volume 8: Poiesis e Criatividade com IA.
- Volume 9: Dupla perfeita: IA + automação.
- Volume 10: Quem detém o poder dos dados?

## 17.22 Big Data com IA: Coleção Completa.

A coleção aborda desde os fundamentos tecnológicos e a arquitetura de Big Data até a administração e o glossário de termos técnicos essenciais.

A coleção também discute o futuro da relação da humanidade com o enorme volume de dados gerados nas bases de dados de treinamento em estruturação de Big Data.

- Volume 1: Fundamentos.
- Volume 2: Arquitetura.
- Volume 3: Implementação.
- Volume 4: Administração.
- Volume 5: Temas Essenciais e Definições.
- Volume 6: Data Warehouse, Big Data e IA.

## 18 Sobre o Autor.

Sou Marcus Pinto, mais conhecido como Prof. Marcão, especialista em tecnologia da informação, arquitetura da informação e inteligência artificial.

Com mais de quatro décadas de atuação e pesquisa dedicadas, construí uma trajetória sólida e reconhecida, sempre focada em tornar o conhecimento técnico acessível e aplicável a todos os que buscam entender e se destacar nesse campo transformador.

Minha experiência abrange consultoria estratégica, educação e autoria, além de uma atuação extensa como analista de arquitetura de informação.

Essa vivência me capacita a oferecer soluções inovadoras e adaptadas às necessidades em constante evolução do mercado tecnológico, antecipando tendências e criando pontes entre o saber técnico e o impacto prático.

Ao longo dos anos, desenvolvi uma expertise abrangente e aprofundada em dados, inteligência artificial e governança da informação – áreas que se tornaram essenciais para a construção de sistemas robustos e seguros, capazes de lidar com o vasto volume de dados que molda o mundo atual.

Minha coleção de livros, disponível na Amazon, reflete essa expertise, abordando temas como Governança de Dados, Big Data e Inteligência Artificial com um enfoque claro em aplicações práticas e visão estratégica.

Autor de mais de 150 livros, investigo o impacto da inteligência artificial em múltiplas esferas, explorando desde suas bases técnicas até as questões éticas que se tornam cada vez mais urgentes com a adoção dessa tecnologia em larga escala.

Em minhas palestras e mentorias, compartilho não apenas o valor da IA, mas também os desafios e responsabilidades que acompanham sua implementação – elementos que considero essenciais para uma adoção ética e consciente.

Acredito que a evolução tecnológica é um caminho inevitável. Meus livros são uma proposta de guia nesse trajeto, oferecendo insights profundos e acessíveis para quem deseja não apenas entender, mas dominar as tecnologias do futuro.

Com um olhar focado na educação e no desenvolvimento humano, convido você a se unir a mim nessa jornada transformadora, explorando as possibilidades e desafios que essa era digital nos reserva.

# 19  Como Contatar o Prof. Marcão.

## 19.1    Para palestras, treinamento e mentoria empresarial.

marcao.tecno@gmail.com

## 19.2    Prof. Marcão, no Linkedin.

https://bit.ly/linkedin_profmarcao

www.ingramcontent.com/pod-product-compliance
Lightning Source LLC
LaVergne TN
LVHW051708050326
832903LV00032B/4083